Neo Atlantis
Neunkircherstraße 54
66583 Spiesen-Elversberg
E-Mail: verlag@neo-atlantis.de
Web: www.neo-atlantis.de

©2014 Neo Atlantis Limited
Deutsche Erstausgabe September 2014
Satz: Neo Atlantis
Umschlaggestaltung: Sabine Kathriner
Lektorat: Sonja Hartmann
ISBN Buch: 978-3-940930-86-6
ISBN eBook: 978-3-940930-87-3

Horst Leuwer

Zurück zum EinsSein

Geschenk und Aufgabe der Zwillingsseele

NEO ATLANTIS
Bücher für Klarheit und Erkenntnis

Inhalt

Über den Autor 6

Ein wichtiges Vorwort vor dem Vorwort 7

Vorwort 8

Die Biografie von Franz, eine Zwillingsseelenerfahrung 13

Die Aufgabe der Zwillingsseele 35

Seelenpartner, Seelenfamilie und Zwillingsseele 41

Warum das alles? 44

Rollen, Masken, Themen, innere Anteile, Muster 49

Die Persona 54

Deine Glaubenssätze 59

Deine Schatten 64

Deine Spiegel oder das Gesetz der Resonanz 73

Dein Inneres Kind 76

Innerer Mann, Innere Frau, die Innere Familie 79

Dein Ego 82

Eine deiner schwersten Aufgaben: Das Loslassen 86

Übung mit der goldenen Acht 90

Deine Freiheit/Unfreiheit 93

Die Helfer-, Täter-, OpferRolle 95

Leidest du noch oder fühlst du schon? Mitgefühl und Mitleid 98

Die Mitgefühl-Übung 99

Das Hohelied der Liebe 101

Die bedingungslose Liebe 102

Übung zum Wiederentdecken der Bedingungslosen Liebe 106

Die Urverletzung.. 109

Von der Trennung zum EinsSein 113

Die Blume des Lebens 123

Die sieben Kosmischen Gesetze...125

Protokolle aus Rückführungssitzungen 130

Resümee...166

Irische Sage: Angus und Caer 175

Literaturvorschläge 178

Über den Autor

Horst Leuwer, Jahrgang 1963, ist Rückführungs- und Reinkarnationstherapeut sowie ausgebildet als ganzheitlicher Therapeut. Er lebt und arbeitet in seiner Praxis in der ländlichen Umgebung der Vulkaneifel.
Suchend nach seinen Wurzeln und der Wahrheit, die man auch als solche fühlen kann, begegnete er der Rückführungstherapie und dem spirituellen Heilen. Ferner entdeckte er viele ihm bis dahin unbekannte Therapieformen, interessante Personen und vorher nicht für möglich gehaltene spirituelle Erfahrungen. Diese brachten ihn dazu, Erlebtes niederzuschreiben. Und dabei entdeckte er sich mit jeder Seite immer mehr. Er verstand seine Seele, seinen Körper, seinen Geist, aber auch das Sein an sich, immer besser. Er lernte zu fühlen, über diese Gefühle zu sprechen, Gefühle weiterzugeben, Altes loszulassen und neue unerforschte Wege zu gehen. Dies alles war dann Stoff genug für seine ersten Bücher rund um das spirituelle Erwachen eines Menschen und der vielfachen Erfahrungen von und mit seinen Klienten.
Bei der Arbeit mit den Klienten hatte er oft erlebt und erfahren wie sehr das Trauern, die Traurigkeit, der Schmerz und der Verlust sowie das Loslassen den Menschen beschäftigt und letztlich vom Leben abhält. So fasste Horst Leuwer früh den Entschluss, etwas zu schaffen, was den Menschen die Angst vor Sterben und Tod, Verlust und Loslassen nehmen würde. Und so entstand ‚Lucias wunderbare Seelenreise'. Ein wundervolles Buch mit traumhaften Illustrationen von Sabine Kathriner.
Für Horst Leuwer sind die Erfahrungen und „sein Heilwerden" sowie das Dasein seiner Seele Grundlage seiner Bücher und seiner geführten Meditationen. All seine Erkenntnisse und Erfahrungen in der Heilarbeit bietet Horst Leuwer seither in seinen Büchern und CDs sowie bei Veranstaltungen und Vorträgen seinen Lesern und Hörern als Information und Hilfestellung auf dem individuellen Lebensweg an.

Weitere Informationen über Horst und seine Angebote findest du auf:
http://www.rueckfuehrungstherapie-leuwer.de/

Ein wichtiges Vorwort vor dem Vorwort

In diesem Buch werden zu den verschiedensten Formen von „sich nahen Seelen" unterschiedliche Begrifflichkeiten genannt. Die Begriffe werden nach und nach erklärt. Auch wenn für viele der Begriff Dualseele geläufiger ist, verwende ich im Folgenden der Einfachheit halber den Begriff Zwillingsseele. Da es mir nicht um die komplette Aufklärung der Begriffe, sondern um die Bedeutung deiner Begegnung mit einer solch nahen Seele geht, unterlasse ich den Versuch einer endgültigen Erläuterung. Es kommt nicht auf die Worte an, sondern auf das was du fühlst!
Bei den Literaturvorschlägen im Anhang sind auch Bücher aufgeführt, die zum Zwecke der Begriffserläuterung geschrieben wurden. Dabei sage ich mit der Auflistung nicht, dass das dort Geschriebene wahr ist, bilde dir dein Urteil!
Menschen, die ich in den letzten Jahren innerhalb dieses Themenfeldes kennenlernen durfte, gingen sehr unterschiedlich mit ihren Erfahrungen um. Viele erlebten Leid, Trauer, Schmerz und Verletzungen. Und ebenso viele blieben in diesem Leid, weil sie sich zu sehr an dem, was in vielen Texten geschrieben steht, festhielten und auf Veränderungen warteten, die dort angekündigt wurden! Erlebe du, dass dieses „Leiden" in Freude und Leichtigkeit gewandelt werden kann, denn alle Antworten liegen in dir.

Vorwort

Begonnen habe ich dieses Buch letztlich deshalb, weil persönliche und Praxiserfahrungen mit dem Thema Dualseele/Zwillingsseele nach Aufklärung schrien. Ich bemerkte beim Recherchieren, dass es zu den Begriffen Seelenfamilie, Seelenpartner, Dualseele, Zwillingsseele einen Dschungel an Informationen, viele Bücher und viele Ausführungen im Internet gibt. Alle haben ihre Berechtigung, jeder Autor hat das zusammengetragen, was er zum Thema entdeckt hat und berichten kann.
Nach und nach entwickelte sich das Buch, mit jeder neuen Erfahrung und jedem Klienten in meiner Praxis. Während des Schreibens veränderten sich so die Betrachtungsweise und das Erleben des Themas.
Irgendwann bemerkte ich, dass das Thema Zwillingsseele/Dualseele unbedingt mit dem EinsSein, dem Zurück zur Einheit, zu betrachten ist! Ich selbst habe mich bis 2011 mit diesem Thema kaum auseinandergesetzt, da es keinen wirklichen Grund gab, ihm Bedeutung beizumessen. Wenn ich davon hörte, berührte es mich wenig, auch hörte ich kaum zu, wenn Betroffene darüber berichteten.
Die scheinbaren Dramen und Berichte schienen mir oft „aufgeblasen" und „ohne Hand und Fuß" zu sein. Außerdem verloren sich die Erzähler oft in Sentimentalitäten, Kleinigkeiten oder scheinbar abstrusen Geschichten.
Nachdem ich durch meine Rückführungsarbeit häufiger durch Klienten das Thema Zwillingsseele erlebte und mehr und mehr damit konfrontiert wurde, eröffnete sich ein interessantes und spektakuläres Themenfeld. So erlebte ich von Anfang 2011 bis zur Fertigstellung des Buches über hundert Rückführungssitzungen zu diesem Themenkreis.
Dass ich selbst davon überrannt werden würde, hatte ich wahrlich nicht erwartet. Ich „durfte" eigene Erfahrungen machen, meinen Zwilling kennenlernen und die schmerzhafte Trennung erleben!
Danach habe ich einige Texte und Bücher zum gesamten Themenkreis gelesen und viel Gutes gefunden, viele meiner eigenen Erfahrungen wurden bestätigt. Warum füge ich der Liste dieser Texte nun ein weiteres Buch hinzu? Dazu gibt es mehrere Gründe:
Erstens, und das war für mich ausschlaggebend das Buch zu schreiben,

habe ich persönlich eine Erfahrung gemacht, die mein Leben völlig auf den Kopf gestellt hat. Ich erlebte es zwar als sehr wichtiges Puzzleteil eines Gesamtwerkes, dennoch war diese Erfahrung ausschlaggebend, nochmals genauer auf das Leben und das Sein an sich zu schauen.
Dies habe ich zwar auch schon vorher in ähnlicher Weise gemacht, jedoch unter einem anderen Blickwinkel, mit weniger Herz, Gefühl und Emotion. Zweitens ist es mir wichtig, den vielen Menschen mit ähnlichen Erfahrungen, das Licht am Horizont zu zeigen, es gibt immer einen Weg und eine Lösung, und alles hat seinen tiefen Sinn. Auch die „Dual-/Zwillingsseelen-Erfahrung" ist nur ein Teil des Großen und Ganzen.

So beschreibe ich zu Beginn das Leben eines Menschen irgendwo auf dem Land, letztlich spielt es keine Rolle wer dies ist, denn jeder hat ja eine Biographie. Und schaut man sich besondere Vorkommnisse an, stellt man bei aufmerksamer Betrachtungsweise oft fest, dass sich das Leben auf ein bestimmtes Ereignis hin entwickelt hat. Vor wenigen Tagen sagte mir eine „Ex-Kollegin", die immer als sehr kopflastig bekannt war, etwas für sie sehr Überraschendes: „Ich habe vieles erlebt, doch bin ich mir heute sicher, alles ist in einem großen Buch niedergeschrieben, und wir bewegen uns nur auf jedes Ereignis zu."
Offensichtlich gibt es diese Etappenziele oder Meilensteine in unserem Leben. Verweigern wir uns diesen nicht komplett, erreichen wir einen Meilenstein nach dem anderen.
Als Rückführer erlebe ich dies in Klientensitzungen sehr oft. Die Klienten reiben sich dann die Augen und streichen das Wort Zufall aus dem Wortschatz.
Ich selbst habe früher die Nase gerümpft, wenn von sogenannten Channelings berichtet wurde, also von Botschaften aus der sogenannten geistigen Welt. Doch erleben meine Klienten manchmal ebensolche Channelings in ihren Sitzungen, also Antworten von geistigen Führern, Engeln und so weiter. Es stimmt, auch ich habe noch vor sechs Jahren das Wort „Unsinn" bei solchen Aussagen verwendet.
Hundertfache Erfahrungen lassen mich diesbezüglich mittlerweile kleinlaut werden. Bei einer Sitzung erhielt ein Klient auf die Frage nach

dem Grund für Schmerz und Leid in der Beziehung zu seiner Zwillingsseele folgende Aussage:
„Wie alles im Leben hast du dir auch das selbst gewählt. Du hast mit dieser Seele, die quasi dein Gegenstück ist, die Vereinbarung getroffen, genau diese Lebensaufgaben zu lösen. Dazu gehört auch das Erlernen von Loslassen, Verlust, Angst, Trauer und alles was damit verbunden ist. Nun magst du sagen, dass dir damit jegliche Freiheit genommen wird, und damit hast du letztlich recht. Doch nehmen nicht wir dir diese Freiheit, sondern du selbst nimmst sie dir. Du hast dir an bestimmten Lebensabschnitten Meilensteine gesetzt, um sie genau zu diesem Zeitpunkt mit genau diesem Menschen zu leben. Und mit wem ginge das besser, als mit der liebsten Seele, die man kennt, dem Seelenpartner, der Zwillingsseele."

Mich selbst überraschten diese Aussagen zu diesem Zeitpunkt nicht mehr, hatte ich „das wunderbare Drama" doch selbst erlebt. Dennoch wirbeln genau die Inhalte dieser Aussage alles durcheinander, was uns unser Weltbild über Liebe, Beziehung, Partnerschaft, Treue, Verbundenheit, Freiheit und so weiter, bisher glauben lassen wollte.

In diesem Buch folgen einige grundsätzliche Aussagen zum Thema Seelenpartnerschaft, mit weiteren Erläuterungen zu den verwirrenden Bezeichnungen und Einstufungen naher Seelen, die letztlich nur Begriffe sind, denn wichtig ist ja das, was wir fühlen, was wir leben und erleben. Begriffe verwirren uns letztlich nur, weil wir uns zu sehr von dem ablenken lassen, was die Erfahrung uns sagen will, was sie für uns bedeutet. Dennoch hoffe ich mit den Begriffserklärungen für etwas mehr Klarheit zu sorgen.
Diesen Erläuterungen folgen einige Sitzungsprotokolle von Klienten mit dem Thema Zwillingsseelenpartnerschaft und EinsSein.
Da wir in unserem Leben geprägt sind vom Außen, also allen Eindrücken, die uns das Leben zeigt, spielen diese Prägungen natürlich auch eine Rolle in Bezug auf diesen Seelenpartner. Und wenn es nur die Tatsache ist, dass diese Seele unsere Muster, Rollen und Schattenanteile komplett verrückt! Also beschreibe ich in eigenen Auslegungen warum

uns Rollen, Muster und unsere Schatten davon abhalten, zu entdecken, wer und was wir eigentlich sind und was uns noch davon abhält, Eins zu Sein.

Abschließend folgt noch eine ganz persönliche Zusammenfassung mit Hilfestellungen. Vielleicht könnte man es auch Ratschläge nennen, wie man bei und nach dem Auftreten dieses „Liebestraumas" dennoch weiterleben kann!

Einige der im Buch abgedruckten Gedichte zeigen, dass es die Begegnung sehr naher Seelen zu allen Zeiten gab und dass bewusste Zeitgenossen sie vor Jahrhunderten bereits wahrgenommen haben.

Aus dem Licht

Aus dem Licht hast du dich aufgemacht
Wohlbehütet und beschützt
Ein einziger Gedanke von dir reichte, um aus Energie Form zu machen
Auf deiner Aufgabenliste steht so viel, was du alles vorhast...
Lieben, Altes klären und auflösen, Ängste heilen, anderen helfen,
Familie haben, eine endlose Liste, wow.
Du übertreibst es oft, liebe Seele...
Und nun bist du da, und hammerhart geht's los.
Es scheint als wärst du nicht willkommen,
Traurig bist du, war das eine gute Entscheidung?
Du fühlst dich als seist du fehl am Platz.
Überall, wo du hinkommst, fühlst du dich wie ein Fremder.
So zieht das Leben vorbei,
ohne dass du dich an das Licht und deine Liste erinnerst.

Alles hast du vergessen, sogar wer du wirklich bist.
Schule, Beruf, Familie, Haus, Auto,
alles ist da, aber du bist dir immer noch fremd.
Und dann? Ja, dann wird alles anders.
Ein Mensch taucht auf, der dich deiner Nacht entreißt,
Und plötzlich ist es wieder da, das Licht.
Die Seele dieses Menschen lässt dich erinnern.
Ganz langsam taucht sie auf, die Erinnerung an das Licht,
die Liste, das Wissen...
Die Erinnerung lässt alles langsam an die Oberfläche kommen,
den geschützten Raum, den bilden eure beiden Seelen.
Ihr entdeckt die Liebe aufs neue, das Licht, die Freude, und es ist...
Als wäre alles EINS.
Deine Seele schreit: „Hurra! Jetzt hat er's endlich kapiert!"
Sie lässt die Liste wie ein Feuerwerk emporsteigen.
Der Körper schmerzt, der Kopf dröhnt, die Nieren pochen...
Anstrengend so ein Menschendasein!
... WENN ICH DAS GEWUSST HÄTTE...
Und so schaust du, liebe Seele, an deinem Lebensende zurück:
Du wischst dir den Schweiß von der Stirn,
atmest nochmals tief durch und lässt diese Wohnung hinter dir.
Zurück im Licht ist man mächtig stolz auf dich.
Du lässt dich auf das Wolkensofa fallen und tauchst wieder ins Licht ein.
Und endlich fühlst du wieder: alles ist wie immer:
EINS

Horst Leuwer

Die Biografie von Franz, eine Zwillingsseelenerfahrung

Die Lebensgeschichte von Franz, einem der auszog um besondere Erfahrungen und auch Begegnungen der besonderen Art zu machen, ist die Biographie eines „normalen Menschen", der sich zum „Verrückten" entwickelt. Offensichtlich führten viele Ereignisse seines Lebens ihn zu einer besonderen Begegnung:
Als ich ihn als Klienten kennenlerne, ist Franz ein Mittvierziger. Beobachter würden ihn sicher als typisches „Landei" beschreiben. Nur einmal hat es ihn in seinen Lebensjahren aus der Heimat getrieben. Als er nach seiner Ausbildung zum Masseur keine Stelle bekam, lebte er mit seiner jungen Frau etliche Kilometer von zu Hause weg.
Die Jahre bis dahin waren geprägt von einem eher beschaulichen Leben in einem Elternhaus, das Geborgenheit und Sicherheit vermitteln wollte, dies jedoch nicht in Gänze schaffte. Andererseits brachte eben dieses Elternhaus ein Gesamtbild zustande, das Franz erst viel später entschlüsseln sollte.
So erlebte er viele Dinge in seiner Kindheit, die er oft schneller vergaß, als man es für möglich halten könnte:
Die Sorgen ums Geld, nie ist genügend da. Wie soll man das schaffen, was morgen auf einen wartet, wie das Futter für das Vieh besorgen, wie die Last des Alltags schaffen? Immer liegt ein riesiger Berg vor den Eltern, und er wird und wird nicht kleiner. Die Geburt des vierten Kindes, Franz, ist letztlich eine weitere Belastung, die Krönung der Probleme. Die Zeit und die Mittel ein Kind großzuziehen sind eigentlich nicht vorhanden, dennoch muss man über die Runden kommen. So kommt der kleine Franz ins Laufställchen, während die Mutter Stunden auf dem Feld verbringt. „Ein Kind muss auch mal schreien, das ist gut für seine Lungen. Außerdem muss ein Kind früh verstehen, dass nicht alles nach seinem Willen geschehen kann", so die Aussage der „Wissenden", der Erwachsenen.
So wächst Klein Franz heran. Der Laufstall ist sein erstes Gefängnis, eine erste Hürde, die man nicht so einfach überspringen kann. Er spürt diesen Laufstall, er schnürt ihm die Kehle zu, er presst seine Lungen zusammen. „Ich will frei sein, will mich bewegen, warum darf ich nicht dahin, wo

das Leben stattfindet?" Doch all das begreifen die Großen nicht, sind sie doch mit sich beschäftigt.

Die häufigen Auseinandersetzungen der Eltern wegen diverser Meinungsverschiedenheiten und Eigenheiten nimmt „Klein Fränzchen" wahr, doch kann er sie nicht wirklich zuordnen. Machen sie Angst, machen sie Fränzchen unsicher, zeigen sie, wie das Leben ist oder wie es nicht sein soll?

Dinge wie Macht in der Familie, Rollen, Muster, Ängste, Süchte und vieles mehr sind offensichtlich, doch kann Franz sie in diesem Alter nicht verstehen, wie auch, wenn nicht einmal die Eltern verstehen können, was offensichtlich ist.

Die Auseinandersetzungen der Großmutter mit der Mutter (Schwiegermutter und Schwiegertochter) enden lange Zeit damit, dass klargestellt wird, dass die Ältere immer Recht hat. Eine Ansicht, die Franz´ Mutter schließlich übernimmt und auf die Beziehung mit ihren Kindern und Schwiegerkindern überträgt. Kann man es ihr verdenken? Dies ist in einer deutschen Familie so, da muss alles seine Ordnung haben, vor allem wenn man auf dem Land wohnt.

Die Großeltern haben in der Machtstruktur das Sagen, die Eltern können nie frei leben, kämpfen ums Nötigste. Etwas für sich, die Liebe, das Gefühl und die Nähe ist so weit entfernt wie die Erde vom Mond. Über die Bedürfnisse eines Kleinkindes und der heranwachsenden Geschwister zu schauen, ist völlig abwegig. Wirklich? Nun ja, es geschieht einfach nicht.

Die vielen Auseinandersetzungen bekommt Klein Franz nur am Rande mit, letztlich finden sie meist im Schweigen statt. Es ist schon erstaunlich, dass Erwachsene sich im Schweigen so gut verstehen oder auch nicht. Doch am nächsten Tag ist 's meist wieder gut. Franz hat es vergessen und die Erwachsenen sicher auch, zumindest scheint dies so. Denn die Schwere auf seiner Brust und die Ängste vor dem neuerlichen Eingesperrtsein sind noch immer präsent, auch als Franz aus dem Laufstall entwachsen ist.

Doch gibt es auch ein paar Dinge, worüber man spricht: „Dass der Junge immer noch ins Bett macht, das ist doch nicht richtig, nicht normal!" Überhaupt scheint Klein Franz nicht ganz richtig zu sein. Er ist sehr ruhig, zumindest zu Hause. Wenn er mit den anderen Kindern unterwegs sein kann, macht er sich bemerkbar, indem er seine Kräfte ausprobiert. Nein, er ist nicht gewalttätig, aber blaue Flecke verursacht er schon. Auf der anderen Seite hat er Angst vor allem, vor schwarzen Männern und anderen dunklen Gestalten.

Am Tag, an dem die Schulärztin ihn untersucht, stellt sich heraus, das Klein Franz wirklich nicht ganz richtig ist. Viel zu dick ist er, ein Hoden ist nicht da, wo er hingehört, malen kann er nicht und gestellte Aufgaben kann er nicht lösen. Außerdem hat er einen Sprachfehler. Nein, da stimmt einfach zu vieles nicht, und sein Bettnässen wird auch überall thematisiert.. Tante, Großtanten, Verwandte werden eingeweiht. Und offensichtlich ist man der Meinung, dass ein Kind diese Gespräche ja eh nicht wahrnimmt, vor allem nicht, „wenn es nicht ganz richtig ist".

Glauben die Erwachsenen eigentlich, dass Franz nicht hört was sie sagen, spüren sie nicht, dass ihn das verletzt, dass das Gerede über ihn seine Probleme nur verstärkt?

So beginnen die Besuche bei einem Logopäden, verschiedenen Ärzten. Immer hat Franz Angst, manchmal sogar panische Angst vor dem Alleinesein, dem Verlassenwerden, dem Zurückgelassenwerden, aber auch vor den Schmerzen der Spritzen und anderen grässlichen Dingen, die er nicht versteht und die ihm dort widerfahren.

Als Franz etwa fünf Jahre alt ist, bringen ihn seine Eltern in ein nahe gelegenes Krankenhaus. Seine Mandeln und Polypen sollen entfernt werden. Franz versteht natürlich auch das nicht. Was er jedoch versteht, ist: „Das alles ist fremd, bedrohlich." Menschen in weißen Kleidern, ein Arzt mit einem komischen Spiegel auf dem Kopf. Plötzlich sind seine Eltern weg, Franz ist alleine. Er weiß, ein Junge weint nicht, und so verkriecht er sich in seiner unglaublichen Angst tief in seinem Inneren. Er zieht die inneren Decken über sich und auch die des Bettes, das nun sein neues Bett ist.

„Meine Eltern wollen mich nicht mehr", ist Franz sich sicher, „ich bin ja nicht richtig." Und so prasseln Erfahrungen über ihn hinein, die man mit einem Horrorfilm vergleichen könnte. Er wird mit seinem Bettchen durch das Gebäude gefahren, gepiekst, schläft ein, ohne es zu wollen, verliert jegliche Kontrolle und wacht irgendwo anders wieder auf. Schmerzen an einer Stelle, die er nicht kennt, und das Nichtwissen, was er tun soll, lassen ihn verzweifeln. Und immer diese fremden Menschen! Niemand ist da, den er kennt. Nach Stunden und Tagen denkt Franz: „Vielleicht leben Mama und Papa ja nicht mehr", er resigniert und lässt alles über sich ergehen. Auch hier scheint man zu glauben, dass Franz nicht ganz richtig ist. Umso erstaunter ist Franz, dass sich seine Eltern das ganze doch überlegt haben und ihn nach einigen Tagen wieder abholen! Doch die Angst ist da, dass so etwas immer wieder geschehen kann, und diese Angst sitzt tief!

Ein Arzt, zu dem Franz immer mit seiner Mutter geht, sagt zu ihr, dass Franz zeugungsunfähig werde, wenn er diese Spritzen nicht bekäme. Gleichzeitig befummelt der Arzt ihn immer „da unten", denn da stimmt ja irgendetwas nicht. Natürlich ist auch dies Gesprächsstoff in der Familie, und immer wenn Franz zeigt, dass er Angst vor den Spritzen hat, teilt man ihm mit, dass das sein muss: „sonst hast du später keine Kinder". Was das bedeutet versteht Franz nicht wirklich, doch macht es ihm Angst, eine Angst die ihn lange begleitet und einige seiner Lebensentscheidungen nachhaltig beeinflussen wird.

Franz beginnt zu träumen. In seinen Träumen begegnen ihm finstere Gestalten, Katastrophen und Gefahren. Immer wieder stürzt er ab, immer wieder ertrinkt er. Und dann erlebt er etwas Interessantes. Eines Nachts erlebt er, dass er denselben Albtraum hat wie schon oft zuvor, er erlebt diese Panik immer wieder und er entscheidet sich:
„Ich will diesen Traum nie wieder träumen, nein, ich will gar nichts mehr träumen!" Und so geschieht es, dass Franz jahrzehntelang keine Erinnerung mehr an einen Traum hat.

Die Grundschulzeit ist geprägt vom Unterordnen, vom Akzeptieren, dass andere das Sagen haben. Ob es die rote Mütze ist, über die sich alle lustig machen, sein Dicksein oder was auch immer. Letztlich versteht er, dass es besser ist, sich kleinzumachen. Ein Lehrer, der mit Gewalt und Schlägen eindrucksvoll zeigt, wer der Stärkere ist, erweist Franz dabei einen Bärendienst. Franz weiß eindeutig, dass diese Gewaltanstrengungen (die Schläge des Lehrers) zeigen, wer das Sagen hat. Die Eltern sind auch ganz klar der Meinung, dass Franz diese Klarheit braucht: „Dieser Lehrer tut unserem Franz gut!" Franz denkt sich oft: „Wie soll das auch anders sein, ich bin ja nicht richtig!", und so lässt er auch nichts unver-

sucht, diesen Eindruck bei den anderen zu stärken. Auch Raufen gehört durchaus zu den Zeichen, die andere diesbezüglich verstehen.
Doch Franz weiß stets ganz gewiss: „Ich war das nicht".
Das Verdrängen hat Franz gelernt, sein Umfeld macht es ihm vor. Und irgendwie kann man den Situationen ganz gut entfliehen, wenn man sagt: „Ich war das nicht." Anfangs ist es nur Schutz, später glaubt er es selbst.

Bei einem Besuch bei einem Menschen, den er wirklich achtet, ja vielleicht sogar liebt, darf Franz die Stadt erkunden. Eigentlich ist das ja superinteressant, doch hat Franz panische Angst, sich in diesem Wirrwarr der Straßen und Geschäfte zu verlaufen. Dieser Mensch, der ihn offensichtlich achtet, sein Onkel, kümmert sich und traut sich sogar, mit Franz im Restaurant zu essen. Ein tolles Erlebnis für den kleinen Dicken, auch wenn es ganz schön schwierig ist, so lange Nudeln zu essen. Beide, er und sein Onkel, haben so viel Spaß zusammen. Spaß macht es auch, Erwachsene an einem Brunnen mit Wasser nass zu spritzen. Und was ihn überrascht, ist, dass sein Onkel gar nicht sauer ist, als die Passanten sich über ihn beschweren. Er hat etwas angestellt und wird nicht ausgeschimpft, eine völlig neue Erfahrung.

So vergehen die Jahre. Die Jahre in der Schule sind geprägt von Missachtung durch die Mitschüler, vielen Lehrern und anderen Menschen. Und so geht es weiter, der jugendliche Franz wächst heran, und gerne hätte er, wie die anderen, eine Freundin. Doch sind es viele leidliche Erfahrungen, die eher Resignation aufkommen lassen als Freude oder Hoffnung, er wird meist nicht beachtet.

In der Schule beginnt er nun, sich mit Leistung durchzusetzen, Leistung, die ganz langsam auch etwas Anerkennung bringt.
Unglaublich, sogar seine Familie scheint ihn zu achten, wenn er gute Noten schreibt, wenn er etwas Positives nachweisen kann. Nicht, dass es ihm schlecht geht, nein, man lebt so vor sich hin. Die Liebe durch Zuneigung, Umarmung, Lachen und Freude zu zeigen, scheint doch allen Erwachsenen schwerzufallen. Doch bei Leistung und guten Noten erkennt man ein Lächeln, und es gibt Belohnungen. Das ist es wohl, was man

Wertesystem nennt: „Du bist das wert, was du an Leistung vorweist?!"
Ach ja, Franz hat ja auch Geschwister. Diese sind jedoch deutlich älter und schon früh aus dem Haus gegangen. Doch sie sind gerne gesehen. Franz freut sich, wenn sie nach Hause kommen, eine willkommene Abwechslung in der tristen Welt. Er darf die Geschwister auch in der Stadt besuchen, immer erlebt er hier kleine Abenteuer. Scheinbar schafft Franz es doch, allen zu zeigen, dass er nicht grundsätzlich „nicht richtig" ist. Denn mit Ende der Schulzeit wird er langsam akzeptiert, zumindest seine Schulnoten und sein Abschluss.

Dass er einen Beruf auswählt, bei dem er Menschen hilft, macht offensichtlich alle in der Familie froh und trägt zur Achtung seiner Person bei. Außerdem ist Franz ein begeisterter Diskutierer. Er spricht gerne über soziale Themen, Demonstrationen, Recht und Unrecht, Glauben und vieles mehr, was ihn beschäftigt. Zu Hause geht er damit vor allem den Eltern „auf den Keks", man möchte lieber seine Ruhe haben, und dabei stört das Gerede über all die Dinge, „an denen man sowieso nichts ändern kann." Ach ja, da gibt's ja noch etwas. Die Sache mit dem Glauben. Franz diskutiert sehr gerne und seit der Jugend auch gerne über Gott und die Welt. Er spürt, dass ihm etwas fehlt. Er besucht auf Drängen der Eltern die sonntäglichen Gottesdienste und kündigt an, dies zu überdenken. Mehr als deutlich drückt seine Mutter aus, dass er bis zum Vollenden seines Achtzehnten tut was „richtig" ist.
So diskutiert er die nächsten Jahre mit seinen Eltern, später mit Priestern und Mitmenschen, die Stärken und Schwächen der Amtskirche und vor allem das fehlende Leben und die fehlende Spiritualität in den ritualbetonten Feiern. Und immer weiß Franz, hier fehlt so vieles, hier stimmt so vieles nicht, doch weiß er nicht, was es ist. Nein, er nimmt nicht einmal wahr, dass er sucht. Letztlich gibt es nur wenige Menschen, mit denen Franz auf einer Wellenlänge ist.
Eine weibliche Person, die ihm mehr als nur eine Freundin sein will, scheint es nicht zu geben. Und so hat er mit 18 das Gefühl, die Zeit laufe ihm davon. Er erinnert sich auch, dass die Erwachsenen die Sache mit seinem nicht „rutschen wollenden Hoden" als große Gefahr für Franz betrachteten. Letztlich weiß Franz gar nicht was es bedeutet,

nicht zeugungsfähig zu sein, keine Kinder zu haben, doch macht es ihm immer noch Angst. Ja, er hat Angst vor etwas, das er nicht kennt. Und dazu ist er irgendwie einsam, glaubt er. Die anderen haben zum Teil jemanden an der Seite, er selbst jedoch nicht. Letztlich ist es ihm egal, doch hat man ihm lange genug eingeredet, dass man nur zu zweit glücklich ist.

Eines ist ihm jedoch mit achtzehn Jahren schon klar, seine Partnerin soll ebenfalls religiös geprägt sein und aus derselben Richtung kommen wie er selbst. Ganz klar und deutlich drückt er dies aus, gedanklich, aber auch verbal.

Und siehe da, es klappt. Nachdem er dies ausgedrückt hat, erscheint dieser Mensch in seinem Leben.

Und es entwickelt sich das, was Franz sich immer wünschte, er hat einen Menschen an seiner Seite, der viel Ähnlichkeit mit ihm hat. Sie ist schutzbedürftig, stammt aus einem Elternhaus, das es nicht erlaubt, einem Mann vor der Ehe „zu begegnen". Zusammen und alleine in einem Zimmer sein, ist nicht erlaubt und Freiheit kennt man nicht wirklich. Freies, soziales Denken ist nicht gerne gesehen, und so erwacht in Franz sein bereits seit langer Zeit ausgeprägter Beschützerinstinkt auch für diesen lieben Menschen.

Zum ersten Mal erlebt er, dass er sich mit jemandem auf mehreren Ebenen verbunden fühlt. Die beiden haben ähnliche religiöse Vorstellungen, wollen Kinder, wollen beschützen und wollen beschützt werden. Das sollte doch schon mal für eine Partnerschaft reichen. Und man sagt ja, alles andere kann man lernen. Davon abgesehen hat Franz mittlerweile auch verstanden, dass die strammen Regeln der Amtskirche Vorteile haben. Sie geben Sicherheit. Was man über 2000 Jahre aufgebaut hat, kann ja so falsch nicht sein. Sex vor der Ehe muss ja nun wirklich nicht sein, denkt er. Treue ist ja auch selbstverständlich, und so kann alles andere ja auch gut sein.

Und so wagen Franz und seine Begleiterin diesen lebenslangen Weg. Die Jahre ziehen dahin und sind von neuen Dingen geprägt, die doch überraschend denen ähneln, die Franz in seinem Umfeld und in der Kindheit erlebte. Der Mangel prägt vieles. Immer spart man an allem, um die Kinder ordentlich großziehen zu können. Jede Anschaffung wird dreimal überdacht, jeder Ausflug mehrfach geplant, jede Entscheidung genau gegengeprüft. Alles muss finanzierbar und sicher sein. Der zwischenzeitliche Wohnortwechsel wegen einer Arbeitsstelle wird zugunsten der Heimatverbundenheit und der Nähe zu den Eltern rückgängig gemacht. Franz zieht mit seiner Familie ins elterliche Haus ein.

Diese Entscheidung hat viele Vorteile, es ist immer jemand da, der sich mal kümmert. Doch bedenkt Franz nicht, dass er selbst in genau das Fahrwasser einsteigt, das er vorher verlassen hat. Alles, was er in seiner Kindheit erlebt hat, alle Rollen, die seine Eltern auf beeindruckende Weise angenommen und gelebt haben, alle Muster, die auf imposante Weise geschaffen wurden, sind ihm immer noch nicht bewusst. Ob er blind ist? Und so lebt Franz in den folgenden Jahren recht ruhig, je nachdem wie man es betrachtet.

Franz' Diskussionsfreudigkeit findet weiterhin keine Gegenliebe, und so lernt er, diese abzulegen. Denn immer, wenn er mit seiner Partnerin diskutieren will, schaut sie ihn verständnislos an. Es scheint für sie einfacher zu sein, sich keinen Kopf um Politik und Gott und die Welt zu machen, es ist einfacher, ruhiger und bequemer.

Seine Selbstständigkeit darf er behalten, solange er sich aus Küche und Haushaltsführung heraushält. Es stören ihn viele Dinge, aber er soll sich halt raushalten. Irgendwann hat er verstanden, dass es sich ruhiger lebt, wenn er den Mund hält, sprachlos ist.

„O.K. Haushalt ist ja nichts für Männer", das haben ihm alle anderen vorgelebt. Dies hat den Vorteil, dass sich Franz ganz der Arbeit in seinem sozialen Beruf hingeben kann. Er hat seine Teams fest im Griff, hängt sich in die Arbeit im Job und um Haus und Hof so richtig rein und engagiert sich in der Kirche. So wird ein Mann auf dem Land gerne gesehen. Man kümmert sich um die Familie, das Haus, die Kirche und lässt die reden und entscheiden, die Ahnung haben.

Störungen gibt es in diesem wunderbaren System eigentlich keine, eigentlich:

Eine zwischenzeitliche Kündigung des Arbeitgebers wird revidiert, nachdem Franz in purer Existenzangst einen Unterstützer findet, der den Arbeitgeber umstimmt. Mit der Kündigung kommen Franz zwar viele Ideen, die er als Alternative nutzen könnte, doch hält er lieber an dem fest, was er hat, das ist schließlich sicher. Er muss sich aus keiner seiner Rollen herausbewegen, er ist da, wo er glaubt hinzugehören. Auch fällt Franz und seiner Partnerin nicht auf, dass egal was sie machen, der Mangel bleibt. Immer noch müssen sie jeden Pfennig mehrfach drehen und kommen trotzdem nur knapp über die Runden. Andererseits fehlt es ihnen aber auch an nichts Lebensnotwendigem. Immer wenn man sich erholt hat und für etwas Geld auf der hohen Kante gesorgt hat, passiert etwas. Eine Maschine geht kaputt, oder Franz und seine Partnerin bauen einen der vielen Unfälle.

Die Zahl dieser Unfälle summiert sich im Lauf der Jahre auf schätzungsweise zehn, fünfzehn. Dass es dabei mehrfach haarscharf am Verlust des Lebens der Familienmitglieder oder ernsthaften Gesundheitsschäden vorbeigeht, wird immer im Moment des Ereignisses kurz bemerkt, doch dann sofort weggeblendet. Sogar der akute Schreck ist schneller weg als er entstanden ist. Eine tolle Fähigkeit, die Franz hier entwickelt hat. Das gelingt fast so gut wie das Vergessen der Träume. Irgendjemand deutet nach einer solchen Begebenheit an, dass hier wohl viele Schutzengel am Werk gewesen sein müssten. Aber auch das lässt Franz kalt, „nur nicht nachdenken!"

Bei einem dieser Beinahe-Dramen ist Franz mit seiner kompletten Familie zu einem Familienausflug unterwegs. Bei einem Überholmanöver biegt plötzlich ein Wagen aus einem Feldweg auf seine Straßenseite ein. Den zügig fahrenden Lastwagen kann Franz mit seinem lahmen Familienschlitten nicht überholen. Soviel ist ihm in diesem Moment klar. Diesmal kann es nicht gut gehen, ein kurzer Moment des Schreckens, und die lahme Familienkutsche hat einen Riesensatz gemacht und ist am Lastwagen vorbei.

Bei einem weiteren Unfall schlägt Franz mit seinem Motorradhelm gegen die Seite des Autos, das ihm zuvor die Vorfahrt genommen hatte. Er steht auf als sei nichts gewesen, obwohl er im Moment des Aufschlags denkt: „Das war's."

Eines seiner Kinder überlebt das Überschlagen eines Anhängers voller schwerer Pflastersteine ohne jegliche Blessuren, obwohl bereits das Überleben sozusagen ein Wunder ist.

Aber, wie gesagt, Franz bleibt stur auf seiner Linie. Jegliche Rolle wird beibehalten. Nur nicht nachdenken, nur nicht auf irgendein komisches Gefühl hören. Warum denn auch, Zufälle geschehen und wie der Rheinländer sagt: „Et iss noch immer joot jejange."

Die Rollen, die Franz so gut beherrscht, dass ihr Vorhandensein ihm in keinster Weise auffällt, sind vielfältig.

Beispielsweise die des Helfers. Er ist befriedigt, wenn sich Menschen anbieten, die Hilfe brauchen. Dies ist im privaten Bereich so. Willkommenes Opfer ist Franz' Partnerin. Egal, ob sie unter körperlichen Erkrankungen und Symptomen leidet oder unter Ärger im Betrieb, Ärger mit den Eltern und Schwiegereltern. Franz ist da und hilft. Franz kennt jedes Signal: den Griff auf den Magen oder den Rücken, das Augenrollen, das Stirnrunzeln, der leicht hinkende Gang, einfach alles.

Auch die Kinder sind Opfer von Franz' Rollenspiel. Klagt jemand über Ärger in der Schule oder sonstige Dinge, mischt Franz sich ein und meint, er müsse regeln.

Seine Eltern will Franz offensichtlich schon pflegen als sie noch jung und gesund sind, unterdrückte Klassenkameraden will er retten und so weiter und so weiter. Es ist so normal für ihn, dass er sich niemals Gedanken machen würde. Etliche weitere Rollen werden ebenso faszinierend gespielt. Die Vaterrolle ist für ihn verbunden mit Stärke und Vorbildfunktion. So ist eine Schwäche unbedingt zu vermeiden, Unklarheiten gibt es nicht und letztlich ist auch klar, wer das letzte Wort hat.

Die Rolle des treusorgenden und tugendhaften Ehemanns passt Franz besonders gut. Verbunden mit der Helferrolle kann er hier alle Fähigkeiten auf faszinierende Weise ausspielen. Es kommt ihm niemals in den Sinn, dass es irgendetwas geben könnte, dass diese Rolle gefährden würde, bis zum Tag X.

Diesem Tag X geht eine Phase voraus, in der Franz immer wieder überlegt, warum das Leben, genauer das Gefühlsleben, so eintönig verläuft. Er betrachtet sein Umfeld und entdeckt Menschen und Paare, bei denen es Highlights gibt, bei denen offensichtlich Wärme, Freude und so weiter existieren. Es gibt Paare, die diskutieren, gemeinsam auf Entdeckungsreise gehen. Er fragt sich, ob die Lovestories, also die echten liebevollen Beziehungen, nur in Film und Fernsehen existieren. Gleichzeitig bittet er (eher unbewusst) darum, endlich dieses Gefühl der tiefen Liebe spüren

zu dürfen. Unmittelbar nach diesen Gedanken folgt der Tag X.
An diesem Tag X begegnet Franz einer Frau, die er zwar schon ein Jahr kennt, aber auch wieder nicht kennt. Er steht ihr gegenüber und – warum auch immer - küsst er zum ersten Mal seit seiner Heirat einen anderen Menschen als seine Partnerin. Dieser Kuss geschieht wie ferngesteuert, er, genauer, sie tun es einfach.
Und es haut ihn dermaßen um, dass er nicht weiß, was geschieht. Franz Kopf schafft es, ihn aus dieser „gefährlichen" Situation loszureißen und zu beschützen. Wochen voller schmerzhafter Gedanken, Gefühle, Ängste, unglaublicher Sehnsucht und tausender Fragen folgen, bevor Franz' Verstand sagt, wo es langgeht. Und es ist klar, wo es langgeht, die Rollen werden beibehalten. Die Bekanntschaft mit dieser Frau endet bevor sie begonnen hat.
In den folgenden Jahren geschehen weitere der beschriebenen Unfälle, und Franz buddelt sich tief in seine Arbeit und in jede seiner Rollen ein. Er versucht, jede Minute seines Lebens so zu füllen, dass jegliche Zeit für andere Dinge ausgeschlossen wird. Da es Franz oberflächlich betrachtet dabei gut geht, ist das alles im Großen und Ganzen in Ordnung. Die Frau hat er längst vergessen, glaubt er. Die zwischenzeitlich immer mal wieder aufkommende Sehnsucht nach irgendetwas, verdrängt er, darin ist er ja Meister.
In seinem Alltag lebt er das, was er kann: helfen und unterstützen, für den Lebensunterhalt sorgen, sozial sein. Hauptsache, er füllt die Rollen aus. Das Sprechen hat er sich abgewöhnt, bis auf Ausnahmen. Eine Bekannte aus dem Ort, seine Schwester und wenige andere Menschen sehen in Franz einen tiefgründigen, redseligen Menschen, der auch gerne mal hinter die Dinge schaut. Ist seine Partnerin dabei, entzieht sie sich diesen Gesprächen meist.
So weiß er gar nicht, wonach die Sehnsucht größer ist, nach einem Gesprächspartner, der tiefen Liebe, oder ..., obwohl... Nein! Er verdrängt sogar die Sehnsucht, er verdrängt die Lust aufs Diskutieren und auf andere Dinge. Dies bleibt so bis Franz sich entschließt, einigen Fragen, die ihm immer wieder begegnet sind, nachzugehen. Die Frage, ob der Mensch nur ein Leben hat und was an den Berichten der Erinnerung an die Vergangenheit dran ist, fasziniert ihn.

Auch haben ihn die Erfahrungen in seinem medizinischen Beruf mit Sterbenden immer beeindruckt, genauso wie die Berichte der Nahtoderfahrungen.

Letztlich weiß Franz nicht, wieso er zum ersten Mal im Leben eine Entscheidung ohne das Einschalten seines Kopfes trifft. Und so fasst er eines Tages den Entschluss, sich mehr und mehr spirituellen und esoterischen Themen zu öffnen. Er erlebt ein Seminar zur Energiearbeit, macht geführte Meditationen und liest esoterische Werke. Diese erlebten Dinge kosten viel Geld, lassen nicht unbedingt einen echten Nutzen erwarten und sind ohnehin sehr suspekt.

Dann erlebt er eine Rückführung und erfährt viel über seine sogenannten Wurzeln. Er entdeckt sogar die Frau von dem Tag X-Erlebnis in einem früheren Leben. Einem Leben, das geprägt war von Glück, Stolz, Harmonie und tiefster Liebe.

Innerhalb dieser Erfahrungen, einige Rückführungen folgen, wird ein anderer Franz geboren. Er erkennt zunehmend, dass er Anteile, Fähigkeiten, Eigenarten, Emotionen, Wissen und Weisheiten besitzt, die er vorher nicht kannte. Zur selben Zeit entscheidet sich Franz dazu, selbst eine Ausbildung zum Ganzheitlichen Therapeuten zu machen. Dies versetzt ihn in die Lage, selbst mit Energien zu arbeiten, um sich und anderen Unterstützung bei vielfältigen Blockaden zu geben. Er stellt fest, dass er im jetzigen Leben, aber auch in vergangenen Leben, immer wieder Helfer, Opfer sowie Täter war, und er erlebt, dass er Rollen übernommen hat, die ihm zur Erfüllung von Lernaufgaben verholfen haben, die er aber endlich ablegen will. Er spürt plötzlich wie schön es ist, tiefe Emotionen zu erleben, unglaubliche Liebe zu erfahren, tiefste Trauer zu leiden und so vieles mehr.

Er erlebt auch wie befreiend es ist, Rollen abzugeben, Muster aufzulösen, zu verzeihen, ja letztlich frei zu werden. Was Franz jedoch immer noch nicht wirklich begreift, ist, dass er im Hier und Heute noch immer in vielen seiner Rollen feststeckt. Dass seine Partnerschaft nicht die Tiefe hat, wie die in einer Rückführung erlebte Beziehung. So denkt er, dass es durchaus O.K. ist, dass man sich in Partnerschaften arrangiert. Vor allem auch deshalb, weil man vieles gemeinsam getragen und erlebt hat.

Es ist schön zu erleben wie auch der Partner immer mehr seine alten

Beschwerden, Muster und Ängste loslässt und sich seiner eigenen Fähigkeiten bewusst wird. Diese Entwicklung gibt Franz die Hoffnung, eine weitere spannende Entwicklung im spirituellen, aber auch Entspannung im privaten Bereich zu erleben. Vielleicht stellt sich ja auch, spätestens im Rentenalter, die Fülle ein. Es wäre eigentlich überfällig.

So geht Franz noch seinem eigentlichen medizinischen Beruf nach, macht Energiearbeit und hilft anderen Menschen, erstaunliche Erfahrungen zu machen. Auf sehr authentische Weise beschreibt Franz seinen Klienten in der Energiearbeit, warum der Mensch so ist wie er ist, warum er Rollen, Muster und Schatten hat, bzw. übernimmt. Auch kann er seinen Klienten deutlich machen, was diese Rollen bewirken, was man tun kann und welche Zeichen zeigen, wann es Zeit für Entscheidungen ist.
Franz fällt auch auf, dass das Gesetz der Resonanz offensichtlich eine viel größere Bedeutung hat, als er vorher angenommen hatte. Dieses Gesetz besagt, dass man immer Dinge anzieht, die einem sozusagen als Spiegel dienen. So erkennt Franz irgendwann, dass immer zu bestimmten Zeiten Menschen mit Themen und Beschwerden zu ihm kommen, die auch ihn selbst betreffen. Anfangs ist es nur ein Verdacht, doch dann ist es mehr als offensichtlich.
Immer mehr beeindruckende Menschen begegnen Franz zu immer der Zeit, wo es wichtig und richtig ist. Ganzheitlich tätige Kollegen begegnen ihm zu den Zeiten, wo ihre Persönlichkeit oder die Art zu arbeiten für Franz wichtig sind. Viele Begegnungen entwickeln Franz, führen ihn Stück für Stück weiter, oft ohne dass er es direkt bemerkt.
Es naht der 2. Tag X.

Franz begegnet im zarten Alter eines Mittvierzigers, gestreckt über etwa ein Jahr, drei Personen, die ihm sehr, sehr nahe sind. Näher als viele andere Menschen, denen er in den letzten Jahrzehnten begegnete und die ihm eine gewisse Vertrautheit spiegelten.
In den Monaten davor hatte er gelesen und erfahren, dass die Seele sich sehr früh geteilt hat, in Vierer-, Achter-, Zwölferteilungen und so weiter. Diese Seelenteile, so hatte er gelesen, würden als eigenständige, und vollwertige Seelen auf die Reise gehen. Jede dieser Seelen beteiligt

sich bei der Bearbeitung einer zentralen Aufgabe, übernimmt aber auch in den einzelnen Inkarnationen eigene, individuelle Aufgaben. Nun ahnt und spürt und erlebt Franz, dass er drei dieser „Teile" gefunden hat. Er ist nicht bewusst auf die Suche gegangen, doch kommt es zu Situationen, die ihn sehr berühren.

Die Erfahrungen und Gefühle, die er dabei macht, sind erfüllend, er nimmt eine tiefe Liebe im Herzen, ja, in der Seele wahr. Franz wusste vor seiner Ausbildung zum Masseur kaum noch, wie sich Erfülltsein, wie sich eine solche Tiefe anfühlt. Er spürt, dass diese Liebe etwas mit der göttlichen Liebe zu tun hat, weil die Liebe, die er zu diesen Menschen empfindet, eigentlich nichts rein Irdisches ist, sie fühlt sich ursprünglich an. Worte dafür findet er nicht, wahrscheinlich gibt es sie auch nicht.

Diese Erfahrung hat eine unglaubliche Tiefe oder ist es eine unglaubliche Höhe? Sie verändert sein Leben nachhaltig. Franz erlebt, dass er die anderen Seelenteile zum Teil spüren kann. Dies geschieht sicher meist unbewusst, dennoch nimmt er manchmal wahr, was dem anderen selbst bei hunderten Kilometer Abstand widerfährt. So spürt er beispielsweise Trauer, die einer der Seelenteile erlebt. Er spürt, wenn eine der drei körperliche Beschwerden hat, beispielsweise einen Herpes der Lippe.

Immer mehr wird deutlich, dass Franz und die drei anderen Anteile viele identische Eigenarten, Charakterzüge und Eigenschaften haben. Oft muss er schmunzeln, wenn er beobachtet, was die anderen ihm zeigen, denn er entdeckt sich dabei selbst.

Beispielsweise möchte Franz einen der drei anrufen, legt jedoch den Hörer wieder weg. Im gleichen Augenblick klingelt das Telefon und der andere meldet sich.

Er schreibt beim Chat einen Begriff und sieht, dass sein Gegenüber im selben Moment diesen Begriff ebenfalls gesendet hat.

Einerseits verwirrt es ihn ein wenig, andererseits bestätigt es ja nur das, was Franz vorher gelesen hatte.

Auch wenn alle drei Seelenteile in etwa die gleichen Gefühle bewirken, fallen kleine geringfügige Unterschiede auf. So entdeckt Franz bei einem der drei vor allem die gleichen spirituellen Eigenschaften, bei einem anderen die gleichen Ängste und bei der dritten die gleiche Herzschwingung. Doch grundsätzlich ähneln sie sich alle. Manche Dinge beeindrucken besonders, beispielsweise der Blick in die Augen. Zum einen ziehen diese drei Augenpaare ihn magisch an, zum anderen sieht er sich in ihnen selbst. Ja, es ist, als schaue man in die Tiefe der Seele des anderen und gleichzeitig der eigenen.

Nachdem nun einige Monate vergehen, entdeckt Franz, dass er sich zu einer der drei auf eine so intensive und merkwürdige Weise hingezogen fühlt, dass er es nicht zuordnen, nicht verstehen kann. Bereits bei der ersten Begegnung hatte Franz beim Abschied den Satz ausgesprochen: „Es wird sich alles so entwickeln, wie es gut und richtig ist."

Im selben Augenblick reflektiert er, was er soeben gesagt hat und versteht weder das Gesagte, noch die merkwürdige Schwingung, die zwischen ihnen beiden besteht. Er fährt nach Hause, überlegt sich schwindelig, aber kommt zu keiner wirklichen Erklärung.

Bei der nächsten Begegnung treffen sich beide mitten in einer Stadt. Wie ferngesteuert dreht Franz sich um und sieht sie. Etwa 30 Meter entfernt dreht auch sie sich nun im selben Augenblick um und sieht ihn. In den folgenden Monaten folgen nun einige Begegnungen, die geprägt sind von einer tiefen Verbundenheit, so als ob man sich bereits seit Ewigkeiten kennen würde.

Obwohl es Franz bewusst ist, dass genau dies so ist, sucht er seinen Rückführungstherapeuten auf. Das Geahnte wird in dieser Sitzung bestätigt. Mehrere gemeinsame Leben werden betrachtet, vor allem als Mitglieder eines sehr spirituellen Naturvolkes, auch hier war man als Paar sehr tief verbunden. Franz erlebt sich und die Geliebte in einem Wigwam so tief verbunden wie man es nicht mit Worten beschreiben kann. Dem Rückführer antwortet er auf die Frage wie er sich in diesen Situationen fühle: „Das ist EinsSein". Mehrere Inkarnationen hat es so gegeben.

Traumatische Erfahrungen wie der Überfall von Soldaten auf das Indianervolk mit dem grausamen Foltertod des Indianers führen beispielsweise zu heutigen Trennungsängsten.

Franz und seine „Seelenpartnerin" erleben nun einige sehr heftige Monate. Heftig vor allem deshalb, weil Franz in diesen Monaten Erfahrungen macht, die er teilweise nur aus Erzählungen und Büchern über Seelenpartner kennt.

Zu Beginn der Beziehung - und als solche entwickelt sich die Bekanntschaft mit dieser einen der „drei" - erlebt er eine Liebe, die er nie für möglich hielt. Wenn sich Franz und seine Liebe treffen, reicht alles, ja, es reicht einfach alles. So schaut man sich in die Augen und – das reicht. Stundenlang könnte man sich gegenüber sitzen und in die Augen des anderen schauen.
Doch was sieht Franz, wenn er in ihre Augen schaut? Bei den ersten Begegnungen begreift er dieses Ereignis nicht. Er schaut in eine Tiefe, die man nicht beschreiben kann. Eine Tiefe, für die es keine Worte gibt. Er fragt sich selbst: „Was sehe ich?"
Und die Antwort ist: „Ich sehe mich selbst!"
„Wie, ich sehe mich selbst?", fragt er sich.
Doch immer wieder erlebt er genau dieses. Er sieht sich selbst, er erlebt sich. Als Franz sie eines nachts in seinen Armen hält, weiß er: „Ich bin angekommen."
Auch dieser Gedanke ist ihm nicht sofort in seiner Tragweite klar, erst später begreift er, dass es die erste Lebensphase ist, in der er für Momente, Stunden, Tage und Wochen viele Muster, Rollen und sonstige Behinderungen ablegen kann. Er kann sich endlich so lieben wie er ist. Er kann Liebe fühlen und spüren. Er weiß genau wie sich seine Seeelenpartnerin fühlt, wie er sich fühlt, er liebt, erlebt Freude und – er lebt. Ja, das ist Leben.
Und er kann sich und andere, ganz besonders seine Liebe endlich lieben ohne zu bewerten. Er bewertet nicht mehr. Er fragt sich zwar, warum das alles so ist, doch kann er es nicht verstehen. Alles ist irgendwie in dieser Zeit „glasklar", unverhüllt durch Bewertungen, Muster und Rollen. Er erlebt das Leben wie er es in spirituellen und esoterischen Ausführungen oft gelesen hatte, dass alles so frei, so leicht sein kann. Sogar Eigenarten, die ihn vorher immer störten, sind bei seiner Liebe normal, nein, sie stören ihn nicht, er liebt sie sogar. Ihn hat Rauch an Kleidung und in der Raumluft immer gestört. Sie raucht. Nun genießt er den Geruch und den Geschmack des Rauchs, sogar beim Küssen. Haare im Gesicht hasst Franz, doch nun liebt er es, wenn er ihre Haare im Gesicht fühlt.
Er hört gerne Musik, doch osteuropäische Tanzmusik hätte er vorher weggeschaltet - nun ist es O.K.

Er konnte sich niemals vorstellen, nochmals ein kleines Kind zu haben. Sie hat als alleinerziehende Mutter ein ebensolches - auch das ist gut so. Kurzum, er liebt sie mit allem, was sie mitbringt und das bedingungslos, ohne jegliche Einschränkung. Sein Kopf, sein Ego melden sich immer mal wieder zu Wort, doch spricht sein Gefühl eine viel klarere Sprache. Ja, er fragt sich selbst sogar, ob es einfach der sogenannte Männerinstinkt, das Schwanzdenken ist, was sich da meldet.

Doch in aller Klarheit kann er über all diese Dinge lachen: „Nein, es ist echt". Die Gespräche, die die beiden Zwillingsseelen haben, die Nähe die sie erleben, geben immer das Gefühl: „Wir kannten uns schon immer, wir waren eigentlich nie getrennt, wir sind Eins." Und dieser Zustand ist einfach, ohne Fragezeichen – für Franz. Sie, seine Liebe, zweifelt da immer mal wieder. Doch auch das ist für Franz egal, jeder darf denken und fühlen, was er möchte, sprechen doch die vielen gemeinsamen Ereignisse eine deutliche Sprache. Man weiß, was der andere gleich sagt, man spürt, was er fühlt, in welchem Moment das Telefon klingeln wird und so vieles mehr.

Aber, es stellen sich auch langsam andere Phasen ein.

Franz geht plötzlich durch tiefste Täler der Angst, ja sogar der Panik, er erlebt eine schmerzhafte Sehnsucht und Traurigkeit, aber auch gleichzeitig eine so tiefe Verbundenheit, wie er sie nicht für möglich gehalten hatte.

Für sein bisheriges Privatleben bedeutet dies ebenfalls eine nicht zu erwartende Veränderung. Nicht nur die bestehende Partnerschaft mit Frau und den erwachsenen Kindern, Haus und Hof, nein auch Beruf und Freundeskreis werden in frage gestellt, da das Einlassen und Ausleben dieser neuen Beziehung mit seiner Zwillingsseele Veränderungen und gar einen Wohnortwechsel zur Folge haben würde.

Letztlich weiß Franz nicht, warum diese Klarheit da ist, aber er weiß, dass er gehen muss, diese alten Strukturen verlassen muss.

Und so entwickelt sich in den folgenden Monaten eine Trennung auf Raten.

Er versucht alles, dass der Trennungsschmerz für alle anderen so gering wie möglich ist, was sich jedoch als schwieriges Unterfangen herausstellt. Die Vorstellung der Gesellschaft, dass eine Trennung unter diesen

Vorzeichen und Bedingungen aufgrund des Betrugs eines Partners zustande kommt, prägt natürlich die Situation. Wer soll 's den Beteiligten verdenken. Und von außen betrachtet ist es ja auch so! Franz hat die Ehe gebrochen und eine Geliebte. Bald ranken sich die interessantesten Gerüchte um Franz. Die Belastung dieser Umstände treffen ihn sicher weniger als seine Familie. So zählt man etwa 15 Frauen, mit denen Franz angeblich ein Verhältnis hat, dass er Haus und Hof verkaufen will, seine Eltern vor die Tür setzen möchte und vieles mehr. Es ist unglaublich, wie einfallsreich Menschen sein können, wenn sie über andere sprechen.

Nach dieser Entscheidung, sollte man denken, wird nun alles leichter, und die Probleme erledigen sich von selbst. Doch wird es nicht so einfach wie es anfangs aussah. Franz erlebt plötzlich Angst und Panik in Reinkultur. Er ist nicht in der Lage zu arbeiten, zu essen, seinen Tagesablauf geregelt zu bestreiten. Alles ist aus den Fugen gelaufen, und es dauert Tage, bis er zumindest wieder in der Lage ist, einen halbwegs klaren Gedanken zu fassen. Franz fragt sich, was passieren würde, wenn er sich nicht mit seiner Energiearbeit selbst helfen könnte. Damit schafft er es, langsam über die akuten Angstphasen hinwegzukommen. Obwohl Franz durchaus weiß, wie sich Angst anfühlt und außerdem bei Klienten ständig mit Angstthemen konfrontiert wird, war ihm eine solch intensive Panik neu.

Franz und seine neue Liebe, Menschen die letztlich nicht unterschiedlicher sein könnten, entdecken nahezu täglich Gemeinsamkeiten, verrückte Begebenheiten und Ereignisse. Sie ist viel, viel jünger, sieht wahrlich nicht aus wie Franz' Bild einer Traumfrau. Sie ist in einem anderen Land geboren, will Franz nicht in ihrem Bekanntenkreis vorstellen, nicht mit ihm eng umschlungen gehen und so vieles mehr. Dennoch ist er sich sicher, nein er weiß, beide haben sich diesen Lebensabschnitt gewählt, um gemeinsam, aber auch getrennt jeder für sich, die Lebensaufgaben, die anstehen, zu meistern. Beide haben offensichtlich das Thema Herzöffnung und die Liebe als grundsätzliche Aufgabe offen und zu erledigen. Nun sollte man etwas so wichtiges wie die Liebe nicht auf das Erfüllen einer Aufgabe reduzieren, dennoch ist dies eine unumstößliche Tatsache.

Franz durchlebt in der Folge ähnliche Dinge wie die in den gelesenen Büchern beschriebene Entwicklung einer Seelenpartnerbeziehung. Die Begegnungen die anfangs monatlich oder auch mehrmals im Monat stattfinden, zeigen eine tiefe Verbundenheit im Herzen, sehr intensive körperliche Erfahrungen aber auch eine Vielzahl von komplizierten Situationen.

Franz kennt ja von sich selbst aus der Vergangenheit Stimmungstiefe, depressive Täler und einiges mehr aus den Gemütstälern der Seele. Er selbst hat dies weitestgehend überwunden. Er weiß, dass das Leben viele Überraschungen bereithält, dass man sich diesen nicht verschließen sollte und dass man auf sein Herz hören soll. Genau das hat er selbst früher ignoriert.

Nun ist es seine Seelenpartnerin, die ähnliche Dinge erlebt. Sie weiß zwar, dass diese Liebe etwas Außergewöhnliches ist, doch möchte sie eine wirkliche Beziehung keinesfalls zulassen. In diesem Hin und Her bewegen sich Franz und seine Liebe nun ständig. Jedes Wort und jede Reaktion muss wohlüberlegt sein. Sie sagt zwar, er solle immer geradeaus sein, immer ehrlich, doch ist er es, dann kann es ein kurzfristiges (oder komplettes) Knock-Out der Beziehung bedeuten. Er hat Angst, ehrlich zu sagen was er denkt, es könnte sie schließlich verletzen. Er befindet sich wieder in einer Lage, in der er nicht mehr er selbst ist. Die Phase der absoluten Klarheit weicht langsam dem Leben in dichten Nebeln oder im Schatten.

Ganz früh ist beiden Liebenden bewusst, dass man keine Abhängigkeit erleben will, dass beide ihre Freiheit haben wollen und müssen, jeder will lieben und gleichzeitig „Ich sein". Das wird sozusagen vereinbart, doch ist es in den folgenden Monaten immer wieder schwer, genau dies zu leben. Franz zieht sich beispielsweise an einem Morgen unangekündigt zurück, um plötzlich aufsteigende Unruhegefühle mit sich selbst auszutragen und abzubauen.

Sie ihrerseits wird genau davon so sehr getroffen, dass auch sie sich schlecht fühlt und Franz mitteilt, dass eine rein freundschaftliche Beziehung für beide das Beste sei. Er seinerseits verfällt direkt in seine bereits bekannten Trennungsängste, die ihm den Boden unter den Füßen wegzuziehen scheinen. So und ähnlich ereignen sich einige Situationen in

den Monaten nach der ersten Begegnung.
Franz weiß, dass bei diesen vielen Erfahrungen Außenstehende mit dem Kopf schütteln und sich fragen würden: „Warum tut man sich das an, es könnte doch in gewohnter Umgebung alles so ruhig sein?" Das stimmt, und dennoch weiß Franz, dass es unumgänglich ist, diese Erfahrungen zu machen.
Er hat in seinem Freundeskreis zwei Menschen, denen vor Kurzem etwas nahezu Identisches widerfahren ist. In ihnen hat Franz eine gute und starke Unterstützung.
So wie es Franz nach all seinen Erfahrungen geahnt, beziehungsweise befürchtet hatte, kommt es zum Desaster. Seine Liebe teilt mit, dass sie keinen Kontakt mehr haben möchte.
Nun folgten viele Tage der Ungewissheit, er hofft, dass sie sich nochmals meldet, doch bleiben Mailverkehr und Telefon stumm, gerade so, wie dies in all den Hinweisen zu den Seelenpartnern in den Büchern, aber auch bei seinen Freunden genauso beschrieben worden war.
Diese Entwicklungsmöglichkeit war Franz bewusst, doch ändert es nichts an seinem Schmerz. Er beginnt, an allem zu zweifeln, seinem Bauchgefühl, den neuen Lebensplänen und vielem mehr. Kann er sich zwischenzeitlich mal sortieren, fühlt er sich etwas besser, dann kehrt auch die Sicherheit zurück. Doch insgesamt ist es eine schwere Zeit.

Wie er es schon kannte, das Thema Loslassen hatte ihn in einer Heftigkeit eingeholt, dass ihm Hören und Sehen verging. Zwar gab es noch ein paar Kontakte zur Zwillingsseele, doch wollte Franz diesen Schmerz nicht künstlich aufrechterhalten. Außerdem folgte ein Loslassen von den Plänen, umzuziehen und letztlich ein Loslassen seiner langjährigen Beziehung. Oft hatte er mit Menschen, die er kannte, über das Loslassen gesprochen, oft mit seinen Klienten das Thema bearbeitet, doch wenn man's selbst erlebt, ist es wieder eine ganz andere Geschichte.

Alle Dinge sind Ein Ding.
Es gibt nur Ein Ding, und Alle Dinge
sind Teil des Einen Dings Das Ist.

(Neale Donald Walsch)

Soweit die Geschichte von Franz. Der Leser ahnt natürlich, dass die Geschichte von Franz keine frei erfundene Geschichte ist, denn, wie angedeutet, hatte ich in etwa zweieinhalb Jahren über hundert Klientensitzungen mit ebensolchen Erfahrungen. Und hinter jeder Sitzung steht ein Mensch, eine Seele, Schicksale und zum Teil spektakuläre Erfahrungen.
Deshalb werde ich zum Thema Zwillingsseele einige Aspekte genauer beleuchten. Auch auf andere Begriffe werde ich auf den nächsten Seiten näher eingehen.
Sicher ist „bei Franz" vieles bereits beschrieben, doch versuche ich darzulegen, was Zwillingsseelenbeziehungen so besonders macht. Dabei sind eigene Erfahrungen, wie auch Erfahrungen von Klienten und deren Sitzungen, aber auch die Berichte von Freunden und Bekannten dargestellt.
Franz' Beispiel, ergänzt durch vielfache Erfahrungen, sollen Interessierten und Leidenden die Hilfe geben, die sie vorher nirgendwo erhalten haben.

Seelenliebe

*Es gibt eine Liebe,
die über jede Liebe erhaben ist,
die Leben überdauert.
Zwei Seelen, aus einer entstanden.
Vereinigt wie zwei Flammen.
Identisch - und doch getrennt.
Manchmal zusammen,
durch Gefühl und Verlangen verschweißt.
Manchmal getrennt,
um zu lernen und zu wachsen.
Aber einander immer wieder findend.
In anderen Zeiten, an anderen Orten.
Wieder und wieder.*

Tatsuya
(japanischer Patriarch 6. Jahrhundert)

Die Aufgabe der Zwillingsseele

Eine mir sehr nahe Kollegin und „Leidensgenossin" sprach in der Zeit, als es mir in meiner eigenen Zwillingsseelenerfahrung besonders schlecht ging, Folgendes aus: „Du weißt doch, letztlich spielt es doch keine Rolle, mit wem wir die schwierigen Erfahrungen wie das Loslassen machen, ob es die Seele x, y, z - oder die Zwillingsseele ist..."
Ich wusste natürlich, dass sie recht hat, doch tröstet in schwirigen Lebensphasen ein kluger Rat selten.
Zum Kreislauf von Ursache und Wirkung, von der sogenannten Seelenreise, umfassend zu berichten würde an dieser Stelle zu weitgehen. Es gibt ausreichend Lesestoff zu diesen Themen, und es wird in einigen Abschnitten dieses Buches viel dazu gesagt. Doch zusammenfassend ist Folgendes hinsichtlich des Trostes der lieben Kollegin zu sagen:
Jede inkarnierte Seele ist auf dem Weg, ihre Lebensaufgaben zu leben und mit vielen gewählten Mitreisenden unterwegs (ich empfehle dazu den Clip „der Zug des Lebens" auf dem bekannten Kurzfilm-Portal im Internet). Dabei tritt immer wieder der im Moment wichtige „Resonanzgeber" in unser Leben. Unsere Rollen und Muster verhindern es oft, dass wir mit unseren gewählten Mitspielern die besonders schweren Themen lösen können. So erlebte ich viele Klienten, die erhebliche Probleme hatten, ihr Herz zu öffnen. Auch mir ging es so. Immer wieder erlebte ich, dass ich mir anhören durfte: „Du musst dein Herz öffnen". Viele kennen die tragische Hauptperson in Pink Floyds Meisterwerk „The Wall". Der Arme kämpfte mit den Tiefen der Psyche und der Unterwelt und gegen die Mauern seines Herzens und erlebte einen schrecklichen Kampf mit sich selbst.
Solche Kämpfe kennen viele Menschen und erleben dann, dass plötzlich ein Mitspieler auftaucht, der alles ins Wanken bringt. Es taucht jemand auf, der einen Eispickel in der Hand hat, dessen Spitze spitzer und schärfer ist als jeder Diamant. Dieser „neue" Mitspieler ist oft unsere Zwillingsseele. Und im Moment des „Erkennens" kracht ein Kartenhaus zusammen, fallen Berge in sich zusammen, krachen Wolken vom Himmel auf die Erde, verschwinden alle Nebel, ist die ganze Welt plötzlich leer, und nur noch zwei Menschen existieren.

Dieses Erkennen ist nicht zu erklären, es ist auch nicht immer das „Große-Liebe-Gefühl." Man spürt, es geschieht etwas nicht Erklärbares. So landet man möglicherweise in einem Gespräch und erzählt Dinge, die man normalerweise mit anderen Menschen, die man zum ersten Mal trifft, nie teilen würde.

Später betrachtet man die Erlebnisse und das was man selbst gesprochen und ausgedrückt hat oft mit völligem Unverständnis. So wie Franz beispielsweise ohne jeglichen Grund und völlig ohne Zusammenhang den Satz ausspricht: „Es wird sich alles so entwickeln wie es gut und richtig ist."

Mit solchen Erfahrungen endet oft eine erste Begegnung von Zwillingsseelen. Doch begegnet man sich meist wieder, und das Spiel geht weiter, in die nächste Runde. Und in dieser Runde folgt dann oft etwas Tiefgreifendes: Der Blick in die Augen des anderen.

Von allen Menschen, die ich in den letzten Jahren mit ähnlichen Erfahrungen kennenlernte, hörte ich immer dasselbe: „Der Blick in die Augen ist unbeschreiblich. Ich konnte auf seine/ihre Seele schauen. So tief, so unglaublich tief. Und dabei wusste ich gleichzeitig, dass ich mich in diesem Moment selbst sehe."

Diese Erfahrung und die dabei erlebten Gefühle kann man mit Worten nicht beschreiben, sie sind nicht fassbar. Doch sie verändern das Leben. Es kann sich niemand dieser Erfahrung entziehen, selbst wenn man sich losreißt, es wird dem Menschen, der es erlebt hat, nicht mehr aus dem Gedächtnis verschwinden.

Was allerdings danach geschieht, ist sicher von sehr vielen Faktoren abhängig und individuell.

In meinem Leben und dem Leben von einigen Menschen in meinem direkten Umfeld hat die Zwillingsseele vieles verändert. Dabei kam es jeweils zu einer Beziehung zwischen Mann und Frau. Doch muss dies nicht immer zwingend so sein. Denn Zwillingsseelen kommen auch manchmal zusammen, um das Leben in einer Eltern-Kind-Beziehung zu leben oder als gleichgeschlechtliche Freundschaft oder Bekanntschaft oder, oder, oder.

Besonders ist in all diesen Begegnungen jedoch immer die Tiefe der

Beziehung, das Gefühl, verbunden zu sein.
Dies zeigt: Nicht immer ist die „Paarbeziehung" unter Männlein und Weiblein das, was entstehen muss. Wie bei allem anderen im Leben ist dies davon abhängig, welche Lebensaufgaben zu lösen sind und wobei sich die beiden Seelen unterstützen können.
Darüber hinaus gibt es natürlich viele andere Rahmenbedingungen und Einflussfaktoren, die ebenfalls eine Rolle spielen können.

Eine grundsätzliche Aussage möchte ich vorweg treffen: Haben beide Zwillingsseelen alles „geregelt", sind sie bereit, wieder Eins mit dem Göttlichen zu werden. Sie streben auch danach, wieder Eins zu sein, mit einer Energie, die man als „die andere Hälfte" bezeichnen könnte. Eine Hälfte, die beim bewussten Teilen der Seele entstand. Der Zweck der Teilung umfasst die gegenseitige Unterstützung, den uneingeschränkten Energiefluss und die besonderen Erfahrungen in vielen Leben. Bis zu der Wiedervereinigung beider Hälften, und damit sind nicht die Beziehung und die sexuelle Vereinigung gemeint, ist es meist ein weiter Weg.

Viele Klienten waren der Meinung: „Es muss doch bald so weit sein." Doch wie gesagt, viele Hindernisse spielen eine Rolle:
- Wie bei allen anderen Seelenbeziehungen bleiben auch Zwillingsseelen nicht verschont vom Ursache- und Wirkungsprinzip. Die Opfer-, Helfer- und Täterrollen führen auch bei Zwillingsseelen oft dazu, dass man karmische Folgen sammelt. Weitere gemeinsame Leben zum Lernen und Verstehen folgen dann – bis man die Erkenntnis endlich erlangt hat. (Zu diesem Thema findest du ein Beispiel im Kapitel Beispielsitzungen). Allzu oft hören Zwillingsseelen nicht auf ihr (meist verschlossenes) Herz. So zwingen Verstand oder Ego sie dazu, den anderen aus Gründen der Sicherheit, der Macht, des Status, etc. zu verlassen. Traurigkeit, Schmerz, und Leid lösen dabei oft die beschriebenen karmischen Verstrickungen aus.
- Seelenverträge sind ebenfalls an der Tagesordnung. So werden oft Verträge geschlossen wie: „Nie wieder will ich ohne dich sein, ich werde dich nie wieder loslassen." Selbstverständlich bleibt das im

ewigen Kreislauf der Seelen nicht ohne Folge. Erst wenn der Vertrag gelöst ist, kann man loslassen.
- Flüche sind viel wirksamer als viele glauben. Verlassen werden, Trauer, Schmerz haben schon manchen den Satz ausrufen lassen: „Ich verfluche dich auf alle Zeit." Ich habe die Wirksamkeit solcher Sätze als Humbug betrachtet. Doch haben mich Klientensitzungen eines anderen belehrt. So spielen auch Flüche und schwarze Magie eine weitaus größere Rolle, als der Mensch des 21. Jahrhunderts es sich vorstellt.

Wenn es nun egal ist, mit wem wir unsere Lernerfahrungen machen, stellt sich doch die Frage: „Warum ereignet sich so etwas überhaupt, die Begegnung mit einem solchen Menschen, einer solchen Seele?" Wie vorher angedeutet, ist es oft so, dass unser Leben von uns so gestaltet wird, dass wir immer an der Oberfläche bleiben. Schwierige Themen werden meist geschickt umschifft. Ich erlebe als Rückführer oft folgende Klientenaussagen:
- „In meinem Leben habe ich schon so viele Menschen verloren. Sterbefälle von jungen Menschen, Unfälle, usw. auf zum Teil tragischste Weise."
- „Ich habe schon viele Beziehungen gehabt, doch immer fehlte irgendetwas, nie konnte ich mein Herz öffnen."
- „Ich konnte bisher mit keinem Partner eine wirkliche Nähe zulassen."

Für jedes einzelne dieser Themen kann es vielfältige Ursachen geben. Dennoch kann man sagen, dass es ein Allheilmittel geben kann. Trifft einer dieser Menschen die Zwillingsseele, werden alle bisherigen Themen und Blockaden, Muster und Verletzungen sozusagen auf links gedreht. Die Zwillingsseele sprengt die Mauern um das Herz. Sie zwingt uns, Nähe zuzulassen, wo immer Abstand gesucht wurde. Sie bringt Liebe, wo Kälte war. Sie zwingt zum Loslassenkönnen, wo Festhalten angesagt war. Und all diese Baustellen werden so vor dem Menschen, vor der Seele ausgebreitet wie nie zuvor. Man ist gezwungen, sich mit Dingen zu beschäftigen, denen man sich über Jahre, Jahrzehnte oder gar Leben verschlossen hatte.
Manch einer dachte: „ Ich würde doch gerne mal die Tiefe meines

Herzens entdecken" und hat damit eine sehr anstrengende Entwicklung herbeigerufen.

Eine weitere Frage, die ich mir natürlich auch stelle: Warum geschehen diese Begegnungen in dieser Häufigkeit, jetzt 2011 bis 2014? Vielleicht ist es nur die Betrachtung des Betroffenen, denn ist man schwanger, sieht man plötzlich nur noch Schwangere?
Oder gibt es doch tiefer gehende Gründe?
Ein Grund für das Zusammentreffen so vieler Seeelenpartner in der aktuellen „Zeit" ist meines Erachtens, dass die in den Beziehungen dieser Seelen produzierte Herzschwingung für den Bewusstseinswandel, den sogenannten Aufstieg aller Menschen, wichtig ist. Auch auf dieses Thema möchte ich nicht umfassend eingehen. Es hat sicher viel mit der Entwicklung zum EinsSein zu tun, aber ich möchte mich hier nicht in die vielen Spekulationen einreihen, wie denn nun dieser Aufstiegsprozess vonstattengeht. Ich bin mir allerdings sehr sicher, dass sich seit einigen Jahren vieles innerhalb dieses Prozesses ereignet, was einem Großteil der Menschen verborgen geblieben ist. Und ich bin mir sicher, dass wir in einer „heißen Phase" dieses Prozesses sind.
Ein Grund ist sicher folgender: Das alles dient in erster Linie der weiteren Sammlung von Erkenntnissen und der Erfüllung von Lebensaufgaben.

Aber vielleicht möchtest du dich ja selbst auf die Entdeckungsreise zu den Antworten auf die vielen Fragen machen. Denn tief in dir, in deiner Seele liegen alle Antworten!

*Niemand kann euch etwas eröffnen,
das nicht schon
im Dämmern eures Wissens schlummert.*

*Der Lehrer, der zwischen seinen Jüngern
im Schatten des Tempels umhergeht,
gibt nicht von seiner Weisheit,
sondern eher von seinem Glauben und seiner Liebe.*

*Wenn er wirklich weise ist,
fordert er euch nicht auf,
ins Haus seiner Weisheit einzutreten,
sondern führt euch
an die Schwelle eures eigenen Geistes.*

(Khalil Gibran)

Seelenpartner, Seelenfamilie und Zwillingsseele

Die Begriffe Seelenpartner und Seelenfamilie stehen für die vielen uns sehr nahen Seelen, mit denen wir eine Vielzahl von gemeinsamen Leben, Erfahrungen und Aufgaben erlebt haben. Würde jede der in unserem Umfeld mit uns verbundenen Seelen einen roten Punkt auf der Stirn tragen, wären wir erstaunt über die Zahl der „verwandten" Seelen. Letztlich ist das egal, denn es geht um das Leben, und wir haben als Mitspieler im ‚Schauspiel Leben' eben die gewählt, die ihr Handwerk verstehen. Eine wichtige Rolle in einem Film wird schließlich auch nicht mit einem Neuen, einem Greenhorn, besetzt.
Eine selten genannte Bezeichnung ist die Spiegelseele. Hier handelt es sich um eine Seele in unserem Umfeld, die mehr oder weniger unabhängig (ohne Energiefluss untereinander) von uns, die gleichen Erfahrungen macht. Man erlebt immer wieder das Bewältigen gleicher Lernaufgaben, gleicher Themen und Erfahrungen. Dabei hat man den anderen als besonderen Helfer in der Nähe. Anders als beim Zwilling geht man jedoch selten in die Wechselbeziehung/-wirkung. Das heißt, man lernt das Gleiche ohne miteinander in dasselbe Geschehen einzusteigen. Wenn man diese Spiegelseele kennenlernt, stellt man oft übereinstimmende Situationen, Dinge, Erfahrungen fest, wie: „Stimmt, am selben Tag bin ich genauso mit meiner Angst vor Verlust konfrontiert worden wie du; ach, ich hatte am selben Tag mit Magenkrämpfen zu kämpfen."

*Allein wenn Gott die Dinge einfach in sich hat,
so hat sie die Seele doch sprachlich
mit Unterscheidung: Teufel und Engel und alle Dinge.*

(Meister Eckhart, 3. Jahrhundert)

Was ist denn nun eine Zwillingsseele?

Ich war zum Zeitpunkt der ersten Sitzungen zum Thema Zwillingsseele und der eigenen Erfahrungen sehr unsicher beim Betrachten der vielen Ereignisse und Gefühle, aber vor allem beim Verstehen der vielen verschiedenen Dinge.
Wie oben beschrieben, gibt es eine Gruppe Seelen, mit welchen wir sehr eng „verwandt" sind. Ich nenne sie gerne: „meine Seelenteilung". Es sind Seelen, die aus derselben URSeele hervorgingen, um die gleichen Aufgaben zu klären und zu lösen. Meist sind schon einige dieser Seelen am Ende der Seelenreise angelangt, während andere noch lernend unterwegs sind. Manche sind der Meinung, das seien Mitglieder der Seelenfamilie und bezeichnen diese Seelen gar als Zwillingsseelen – beides stimmt so nicht. Aber letztlich ist dies alles egal – es sind alles gemeinsam Lernende oder Helfende.

In vielen Sitzungen tauchte ein geistiger Helfer namens Aengus auf. Er erläuterte die verwirrenden Begriffe, deren Auswirkungen und die vielen Wechselwirkungen der entstehenden Energien.
Zwillingsseelen leben letztlich alle Inkarnationen gemeinsam, egal auf welche Weise. Als Geschwister, als Partner, Eltern, Kind, als Seele, die das gleiche Thema irgendwo in der weiten Welt lebt oder von der sogenannten geistigen Ebene aus!
Warum das so ist? Zwillingsseelen sind nie getrennt. Der kritische spirituell oder esoterisch Bewanderte, sowie der quantenphysikalisch Wissende wird sagen: „Da alles miteinander verbunden ist, ist das, was du sagst, nichts Neues."
Doch, es ist etwas völlig anderes. Der Energiefluss unter den Zwillingsseelen ist aus meiner Sicht intensiver als man es sich vorstellen kann. Alle Erfahrungen, alle Erkenntnisse sind im ständigen Fluss. Ein absolutes Energietrennen ist nicht möglich und sollte auch nicht versucht werden. Die Folge wären Verletzungen, Schmerzen, Verluste, die man mit dem Tod eines Zwillings bei Zwillingsgeschwistern vergleichen kann.
Ich lerne also ständig von und mit meiner Zwillingsseele, ohne aktiv zu sein. Räumlich getrennte Zwillingsseelen können, wenn sie es bewusst

zulassen, sehr deutlich spüren, wie es dem Zwilling geht. So kenne ich beispielsweise einen „Zwilling", der genau weiß, wenn der andere einen Lippenherpes hat. Gleichzeitig spürt er diese Hautstelle über mehrere Tage. Traurigkeit, körperliche Beschwerden und vieles mehr sind oft intensiv mitzuerleben - wenn man es zulässt.

Viele Zwillingsseelen-Klienten drücken es so aus: „Ich habe in der Betrachtung meines Zwillings sehr schnell herausgefunden wie er/sie ist. Was er/sie an Verletzungen in sich trägt, was er/sie liebt und für Vorlieben hat, welche Fähigkeiten und Eigenschaften vorhanden sind. Aber ich sehe auch seine/ihre Schatten, die Probleme. Ich habe einen wunderbaren Menschen vor mir, etwas ganz Besonderes. Und merkwürdig daran ist, dass ich genau das auch bin. Es sind meine Verletzungen, meine Schatten, meine Probleme, meine Fähigkeiten. Und ich habe festgestellt, wie einfach es sein kann, mich selbst zu lieben, mich zu entdecken. Es gab einen wunderbaren, einen unglaublichen Moment, in dem ich spürte, dass ich endlich bei mir und in mir angekommen bin".

Genau diese Erfahrung macht das Erleben der bewussten Wahrnehmung einer solchen Verbindung zu etwas ganz Besonderem. Aber es ist für viele auch der Grundstock für die folgenden schmerzhaften Erfahrungen.

In vielen Werken (siehe Empfehlungen im Anhang) werden typische Erfahrungen bei der Begegnung, des Findens und der Trennung beschrieben. Wie gesagt, ich möchte hier keine Wiederholung des oftmals Beschriebenen abbilden.

Eine Wiedergeburt nützt nicht viel,
wenn du in deiner nächsten Reinkarnation
noch immer nicht weißt, wer du bist.

(Eckhart Tolle, deutscher Mystiker und Buchautor)

Warum das alles?

An diesem Punkt stelle ich die Warum-Frage: „Warum erlebt ein Mensch diese Begegnung mit der Seele die ihm so nah ist auf eine solch wunderbare und schmerzhafte Weise?"
„Häh?" – wirst du denken, „wunderbar und schmerzhaft?" Ja, wenn Zwillingsseelen das Geschehene losgelassen haben, entdecken sie all das Wunderbare, es gibt dann nichts mehr, dass rückblickend leidvoll betrachtet werden muss. In Zwillingsseelen-Erfahrungen bleibt auch keine Wut, kein Groll dem anderen gegenüber – tief im Inneren weiß man: „Es muss so sein. Alles ist gut, so wie es ist."
Wenn wir das alles wirklich erfassen wollen, dann kommen wir um die Betrachtung „des Großen und Ganzen" nicht herum. Auch hier sind wir wieder an einem Punkt, den ich in meinen Gesprächen mit Klienten und Zuhörern in Vorträgen als Glaubensfrage bezeichne. Und bei diesem Punkt ist aus einer Vielzahl an Rückführungserfahrungen folgendes Bild zu beschreiben:
Eine Energie, die man das Urlicht nennen könnte, umfasst Alles und Nichts, Materie und Antimaterie, Bewusstsein und Unbewusstsein. Menschen in Trance erlebten das Eintauchen in diese Energie oft als etwas unglaublich Erfüllendes, das Alles und Nichts, das Sein, EinsSein, Gott, das ‚Alles-in-Allem'. Sie benötigten in diesem Moment nichts weiter: „Alles ist gut".
Doch gleichzeitig wird klar, dass man sich von hier aus auf den Weg gemacht hat. Dabei erlebt der ein oder andere einen gewaltigen Knall, alles teilt sich, alle machen sich auf den Weg. Deutlich wird dabei, dass jede Seele so etwas wie Hauptaufgaben auf ihrem Weg hat, genannt die Seelenbestimmung. Darüber hinaus gibt es aber auch einzelne Aufgaben, die Lernaufgaben für einzelne Inkarnationen. Klar ist jeder Seele, dass ein Weg des Lernens und Erfahrens vor ihr liegt, bevor sich alles im EinsSein wiederfindet und zusammenfügt.

In diesem Prozess teilten sich die Energien zum Zweck der Erfahrung immer weiter. Sie teilten sich, um möglichst viele Erfahrungen zu ihrer Seelenbestimmung zu sammeln. Seelen mit gemeinsamen Aufgaben,

Bestimmungen und so weiter sammelten sich zu den sogenannten Seelengruppen oder Seelenfamilien.

Alle lassen seit diesem Start aus der Urenergie, dem Urlicht, Energien aus den gemachten Erfahrungen zurückfließen. Alles fließt in das große Gesamtbewusstsein und ist gleichzeitig für jede einzelne Seele verfügbar.

Vergleichen können wir das mit einem riesigen Baum, mit einer uralten Eiche. Sie ist 30 Meter groß. Ein Blatt könnte nun das Beispiel einer Seele abbilden. Dieses Blatt, diese Seele, hat es sich zur Aufgabe gemacht, die Wärme der Sonne zu studieren, zu erfahren. Nun ist sie neugierig und gleichzeitig sehr mitteilsam. Sie teilt ihre Erfahrung mit den anderen Blättern in der Nähe. Ihre Information fließt dabei mit den Energien durch die inneren Strukturen der kleinen Äste, durch die größeren Äste zu den angepeilten anderen Blättern. Überall hinterlässt sie Spuren der Informationen. Da diese Informationen durch chemische und physikalische Prozesse fließen, gelangen sie weiter über die vielen Äste in den Stamm, in die Wurzeln und immer weiter. Letztlich werden nun alle über diese kleine Erfahrung des Blattes informiert, es ist etwas wahrhaft Großes daraus geworden. In den Wurzeln weiß man nicht mehr, wer diese Informationen auf den Weg gebracht hat, aber vor Ort ist es bekannt.

Lernt nun eine Seele etwas Bestimmtes, fließen diese Informationen weiter und erreichen die Seelen, die uns am nächsten sind, zuerst. Haben diese Informationen etwas mit diesen Seelen zu tun, fühlen sie sich angesprochen und beginnen zu reagieren. Im täglichen Leben sagen wir manchmal: „Ich spürte so einen Impuls". Wir ahnen nicht, dass dieser Impuls oft von einer uns bekannten Seele kam.

So erklären sich die vielen „zufälligen" Begegnungen, Kontaktaufnahmen, Erfindungen zur gleichen Zeit, usw.

Und bei den ganz nahen Seelen aus einer Teilung, einer Familie oder der „ersten Teilung" sind diese Verbindungen besonders intensiv. Sie sind die Blätter am Zweig des gleichen Astes, und der Zwilling ist so etwas wie das zweite Blatt am selben Stielchen.

Geht eine Seele an die Bewältigung einer Aufgabe, nimmt sie sich im Allgemeinen Mitstreiter. Kleinen Kindern ist es noch bewusst, dass die Seelen im Umfeld ihre Mitstreiter sind. Darüber unterhalten sich Kleinkinder sogar (Erfahrung aus Rückführungen). Sie können dabei nicht verstehen, dass die Erwachsenen sie nicht als vollwertige und gleichwertige Partner betrachten.

Nun entwickelt sich das Leben manchmal etwas anders als geplant. Ein Mensch dümpelt beispielsweise jahrelang an allem möglichen Unsinn herum, verliert seine Seelenbestimmung und Aufgaben völlig aus dem Blick. Die vielen Mitstreiter/Mitspieler tappen vielleicht genauso im Dunkel oder haben den Zugang zum „Kollegen" verloren. Alles droht, aus dem Ruder zu laufen.

Was sich die Seele vorgenommen hatte, wird immer unbewusster, obwohl ein Teil tief in ihrem Inneren - die Seele und das Bewusstsein - noch wissend sind. Und diese Diskrepanz zwischen dem Bewussten und dem Unbewussten führt dazu, dass sozusagen der Notplan eingeschaltet wird. Es wird eine Art „Umbesetzung" der Rollen vorgenommen. Da die Mitspieler nicht mehr auf einer Wellenlänge (heute sprechen wir von der gleichen Schwingung/Frequenz) sind, kommt eine Seele dazu, die auf der gleichen Frequenz ist, der Zwilling.

Beim ersten Treffen geschieht das oben Beschriebene. Es ist wie bei einem Erdbeben. Die Energien geraten in Wallung, Mauern stürzen ein, alles ist plötzlich anders. Oft verläuft diese Begegnung genauso. Und wenn dieses Wachmachen nicht mehr erforderlich ist, verschwindet der Zwilling möglicherweise so schnell wie er kam.

Da jeder der beiden seine Aufgaben hat, muss es auch so sein, dass man sich wieder trennt. Hat jeder seine Aufgaben gelöst, geklärt und „abgearbeitet" ist der Zeitpunkt reif, sich zu verbinden. Doch das steht in der Prioritätenliste weit hinter der Aufgabe, sich bei der Bewältigung der Aufgaben zu unterstützen und zu lernen.

So weit so gut. An dieser Tatsache lässt sich nichts ändern. „Wer A sagt muss auch B sagen!", lautet ein bekanntes Sprichwort. Wenn ich mich auf den Lebensweg begebe, habe ich A gesagt. Natürlich kann ich die Flinte ins Korn werfen und aufgeben. Niemand kann uns davon wirklich abhalten. Wenn du es nicht mehr aushalten kannst, wenn du dir zu viel vorgenommen hast, dann geh doch zurück. Viele Säuglinge mit plötzlichem Kindstod trafen genau diese Entscheidung. Wenn unsere Seele aber noch offene Dinge zu erledigen hat, folgt die nächste Runde irgendwann, und eine erneute Inkarnation steht an.

Also gilt es, sich den Grund anzuschauen, warum der Zwilling ins Leben trat. Aus eigener Erfahrung kann ich sagen, dass mein Leben sich bereits vorher verändert hatte. Ich hatte mich auf dem spirituellen Weg bereits mit großen Schritten aus der Lethargie befreit. Doch in der Arbeit an meinen eigenen Themen, erlebte ich immer wieder Stolperstellen, wenn es um den Themenkreis der Herzöffnung, der Emotionen, Gefühle, der Selbstliebe und Liebe ging. Immer wieder tauchte der Hinweis auf: „Öffne dein Herz!"
Als ich in einem weiteren Seminar meiner Rückführungsarbeit und in einer eigenen Sitzung mit einer Kollegin die Absicht aussprach: „Ich bin bereit, mein Herz zu öffnen", stand wenige Tage danach der Zwilling auf der Matte, und er/sie deckte wirklich gnadenlos jede verborgene Blockade, jeden Schatten, jedes Muster auf. Zu diesem Zeitpunkt begann ich zu ahnen, wer und was ich wirklich bin.
Natürlich kann es passieren, dass der Zwilling verschwindet und diese Erfahrung so dramatisch ist, dass eine Seele jahrelang im Loslassschmerz verweilt. Dann entdeckt sie nicht, was sie alles lernen kann, was der Zwilling alles angestoßen hat, was es alles zu tun gibt.
Konfuzius sagt dazu: „Was du liebst, lass frei. Kommt es zurück, gehört es dir - für immer."
Die Liebe unter Zwillingsseelen ist, ja, sie ist. Nicht mehr und nicht weniger. Sie ist sogar bedingungslos. Und deshalb ist sie auch, wenn man nicht zusammen ist. Auch wenn man sich ein Leben lang nicht begegnet, ist sie. Und das obwohl man nichts tun muss, eben weil sie bedingungslos ist. Wunderbar ist dieses Werk der Schöpfung. Also muss man daran auch nichts verändern, nicht suchen, nicht basteln, nicht hektisch versuchen, etwas zu biegen, wiederherzustellen. All das ist vertane Zeit. Weil diese Verbindung bleibt, sie ist! Und sie ist in der bedingungslosen Liebe!
Ich wiederhole deshalb nochmals: „Schau dir an, was in deinem Leben den Zwilling herbeigerufen hat."

Nachfolgend werde ich viele Themenfelder unseres Daseins als Mensch darlegen. Du kannst sie dir betrachten, wenn du noch nicht verstehen kannst, warum der Zwilling in dein Leben kam. An der ein oder anderen Stelle entdeckst du Ansätze, an denen du arbeiten kannst. Lass sie beim Lesen auf dich wirken, fühle in dich hinein und dann wirst du jeweils wissen, ob es dein Thema ist. Und dann ran!
Irgendwann folgt dann vielleicht der Moment oder die Inkarnation, in dem das glückliche Zusammensein mit dem Zwilling möglich ist.
Erleuchtung ist nicht der Augenblick, in dem der Wassertropfen sagt: „Ich bin das Meer", sondern wenn das Meer sagt: „Ich bin der Wassertropfen."
In diesem Augenblick spricht der Mystiker:

„Ich bin ES."

Oder

„Ich und der Vater sind eines."

Oder

„Ehe Abraham war, bin ich."

*Was das Ich sagt,
ist freilich nicht das personale Ich,
sondern es ist die Erste Wirklichkeit selbst."*

(Pater & ZEN-Meister Willigis Jäger)

Rollen, Masken, Themen, innere Anteile, Muster

Im Folgenden werden viele Themenbereiche erklärt, die, wie bei jeder Seele, auch das Leben und Erleben der Zwillingsseele beeinflussen. Selbstverständlich unterscheiden sich die Erfahrungen einer Seele und einer Zwillingsseele nicht. Da sich jedoch jede Zwillingsseele in einer außergewöhnlichen Lebensphase befindet, wenn sie dem Zwilling begegnet, kann jedes aufkommende Thema, jedes Muster, jede Blockade, jeder Schatten sie in dieser Zeit extrem treffen. Eine Zerreißprobe nach der anderen folgt, bis es knallt.
So beschrieben in den vergangenen Jahren viele Zwillingsseelen in ihren Schilderungen vor einer Rückführung, was sie in dieser Zeit des „Wiedersehens" erlebten. Manche erzählten, dass sie in den letzten Jahren zwanzig und mehr Trennungen und Wiedervereinigungen mit dem Zwilling erlebten.
Insbesondere die inneren Anteile, zu denen ich das Innere Kind, die weiblichen und männlichen Anteile, das Ego und die Elemente zähle, spielen eine besondere Rolle, weil sie für unser inneres Gleichgewicht wichtig sind. Sie helfen uns, dass wir uns vollständig, ausgewogen, heil und ausgeglichen fühlen.

Ich möchte klarstellen, dass meine Ausführungen nicht immer deckungsgleich mit manch wissenschaftlichen Erkenntnissen und Werken anderer Kollegen sind (beispielsweise zur Rollen- und Schattenarbeit). Das können und sollen sie auch nicht, da ich an dieser Stelle praktische Hilfe für Betroffene, Leidende, Interessierte, Findende und Kollegen geben möchte. Und dabei verspreche ich ihnen: Ich bleibe soweit es geht so authentisch, wie sie es von meinen ersten Büchern kennen. Denn das was zählt ist, dass man immer man selbst ist, sich selbst treu bleibt. Ich habe mich in der Vergangenheit den Theorien aus der Psychoanalytik, aber auch den Grundsätzen der Esoterik lange verweigert. Die persönlichen Erfahrungen der letzten Jahre, insbesondere natürlich die Erfahrungen mit den vielen Klienten, zeigen jedoch, dass der Mensch sehr wohl von seinem Unterbewusstsein beeinflusst, oft sogar gefangen ist. Aber auch das Große und Ganze, nennen wir es den Kosmos, gilt es dann zu betrachten, wenn man sich mit den bisherigen Erfahrungen nicht mehr zufrieden gibt.

Sehr spannend war für mich vor einiger Zeit eine eigene Erfahrung im Zusammenhang mit einem Spiegel. Ich schaute zusammen mit meinem Zwilling in einen Spiegel und dachte sofort: „Das sind wir selbst!" Natürlich sieht man sich im Spiegel, doch war mir in diesem Moment deutlich, dass ich keine Maske mehr aufhatte.
Gleichzeitig stellte ich mein zweites Buch fertig, das den Titel, „Erkenne, wer du wirklich bist", bekommen sollte.
Ebenfalls zur gleichen Zeit hatte ich viele Klienten, die innerhalb ihrer Rückführungen den Blick in einen oder mehrere Spiegel warfen. Oft zeigten die betrachteten Personen Masken, Rollen, dämonische Schatten, Besetzungen und vieles mehr. Es kam kaum vor, dass die Klienten sich so sahen, wie sie wirklich sind. Meist erkannten sie innerhalb der Rückführungen viele Dinge, die Ungeklärtes plötzlich erklärten und auflösten. Die Spiegelbilder wurden reiner und klarer.
Mir fiel im Moment des Spiegelschauens ein, dass ich immer wieder beobachtet hatte, dass Menschen, deren Spiegelbild ich sah, beispielsweise bei zwei sehr nahen Verwandten, ein verzerrtes Gesicht zeigten. Früher war mir dies in der Pflege auch bei vielen Patienten aufgefallen. Obwohl dies nicht bei allen Menschen so war, hatte ich mir nie etwas dabei gedacht.
Es ist so, dass wir Menschen uns selbst und unserer Umwelt mithilfe unserer Rollen und Masken unser wahres Ich verbergen möchten und dass uns dies oft mit Bravour gelingt. Doch was würde der andere sehen, wenn ich mein wahres Ich zeigen würde!?
Vielleicht würde er meine Verletzlichkeit, vielleicht meine Schwächen, meine Wut, meine Ängste und meine negativen Eigenschaften sehen? Und das würde dem eigentlichen Bild eines Mannes oder einer Frau des 21. Jahrhunderts nicht mehr entsprechen!? Oder dem Bild des Vaters, der Mutter, des Partners, des Arbeitnehmers!?

Schon früh machen wir den Kindern auf vielfältige Weise klar, was richtig und falsch ist, wie man zu sein hat, was schön und hässlich ist und wofür man sich schämen muss. Da wir Erwachsenen das alles wissen, halten wir uns für berechtigt, nein, für verpflichtet, diese Einschätzungen, Regeln und Gesetze weiterzugeben. Die Möglichkeit, die Lernerfahrungen selbst zu machen, haben unsere Kinder kaum noch. Nicht nur, dass wir mit unseren eigenen Glaubenssätzen kämpfen, wir helfen unseren Kindern, sich den gleichen Schrott aufzubürden.

Ich möchte nachfolgend in verständlicher Weise, auch anhand von Beispielen, darstellen, warum wir in unseren Rahmen, die wir vielleicht Beziehung, Familie, Klasse, Firma und Beruf nennen, so sehr gefangen sind. Für viele Seelen sind es Gefängnisse, in denen sie sich befinden und aus denen sie sich kaum befreien können. Man könnte denken, dass es nun mal so ist, dass jede Beziehung als Gefängnis endet, jede Arbeitsstelle uns belastet. Doch es gibt auch viele Menschen, die anderes erleben. Es gibt die glücklichen, bis zum Lebensende verliebten Partner und auch zufriedene Angestellte, also gibt es die Ausnahmen der Regel.

Die Frage ist natürlich: Warum entdecken wir diese vorhandenen Muster, Rollen, Schatten und die damit verbundenen Hemmnisse für ein freies und bewusstes Leben nicht im täglichen Leben, in unserem Alltag? Warum muss etwas Besonderes geschehen, warum brauchen wir den oft zitierten Dolchstoß, um wach zu werden, warum benötigen wir den wachküssenden Zwilling? Warum geht eine solche Bewusstwerdung oft mit starken Schmerzen, Traumen, Erkrankungen, Trennungen und Verlust einher?

Dazu muss man sich die Entwicklung eines Menschen anschauen. Ich meine hier nicht jeden Menschen, denn natürlich sind wir alle Individuen mit unterschiedlichen Lebensgeschichten, unterschiedlich reifen Seelen, einem sehr unterschiedlichen Umfeld und unterschiedlichen Erfahrungen. Dennoch kann kein Mensch völlig frei in seiner Entwicklung sein.

Wie im Leben des Franz', gibt es Zwänge, Rahmen, Einschränkungen, menschliche Erfahrungen, Glaubenssätze, vielleicht Karma, Flüche und Seelenverträge und Verbindungen, die uns beeinflussen.

Der Grundstock für diese Entwicklung wird spätestens in unserer

Kindheit gelegt. Das Kleinkind bemerkt bereits, dass auf sein Schreien reagiert wird und dass Erwachsene glücklich sind oder auch ärgerlich, wenn es bestimmte Reaktionen zeigt. Später gibt es viele Reaktionen auf das Verhalten des heranwachsenden Kindes.

Ich zähle hier einige typische Aussagen der angeblich Wissenden gegenüber den vermeintlich Lernenden auf, die es vielleicht etwas deutlicher machen:

- Lass das sein, das macht man nicht.
- Zieh dir etwas an, so läuft man nicht herum.
- Das ist Ba.
- Nein.
- Wenn du das tust, dann ...
- Räume sofort auf. So sieht es bei ...... aus.
- Da weint man doch nicht, komm her und benimm dich wie ein Mann.
- Ein Indianer kennt keinen Schmerz.
- Ein Mädchen ist nicht unordentlich, du willst doch später mal heiraten.
- Du bist es nicht wert.
- Das kannst du nicht.
- Das ist Männerarbeit.
- Nein, ein solcher Beruf ist nichts für dich, davon kriegt man keine Familie satt.
- Lass dich doch nicht so hängen, man muss immer zeigen, wer man ist.
- Du musst sagen, wo es lang geht.
- Der Mann hat die Hosen an.
- Die Frau gehört in die Küche.

Nun magst du sagen, dass in unserer Zeit solche Sprüche, Phrasen und Ansichten längst überholt sind. Doch da täuschst du dich sehr. Zum Teil findet man sie sogar noch bei der jüngsten Generation. Auch denkt man, dass solche Sätze genauso wie sie ausgesprochen und gehört werden wieder aus dem Bewusstsein verschwinden. Das stimmt jedoch nicht! Die kleinsten Kleinigkeiten tauchen bei Rückführungen beispielsweise als Auslöser der fehlenden Selbstliebe auf. Schlimmer ist es jedoch, dass wir solche Dinge in unserem Unterbewusstsein mit uns tragen. Hier liegt sozusagen unsere Festplatte, der Speicher der das aufnimmt, was der Arbeitsspeicher nicht verarbeiten kann oder der einfach über das Aktuelle hinausgeht. Diese Informationen werden erst mal „verschoben".

Je deutlicher diese Erfahrungen sind, heißt, sie werden ständig wiederholt oder gar von Mutter und Vater und anderen Menschen vorgelebt, desto wahrscheinlicher ist es, dass sie als Lebensphilosophie übernommen werden.

Auch das ist vielen Menschen nicht neu, da sie möglicherweise aufmerksam genug sind, solche Entwicklungen im Umfeld, eventuell auch bei sich selbst zu entdecken.

Oft ist es jedoch so, dass die oben genannten Hinweise bei Kindern und jungen Menschen erst später zu bestimmten Prägungen führen. So führt möglicherweise der Ausspruch eines machtvollen Vaters, „ein Mann muss sagen, wo es lang geht" dazu, dass ein Mann seiner selbstbewusster werdenden Partnerin mit Gewaltausbrüchen begegnet, wenn er sich ihr auf anderer Ebene nicht mehr gewachsen sieht.

Viele andere Gründe für unsere „unfreien" Entwicklungen liegen weit verborgener in den Tiefen unseres Unterbewussten.

Alles Glück entspringt aus dem,
was man dem SELBST zuliebe tut.
Tun Sie nichts,
was der segensreichen Realität in Ihrem Herzen unwürdig ist,
und Sie werden glücklich sein und glücklich bleiben.
Aber Sie müssen das SELBST suchen,
und wenn Sie es gefunden haben, bei ihm bleiben.

(Nisargadatta Maharaj)

Die Persona

Viele Vorgaben die unsere Eltern, Erzieher, kurz die ganze Gesellschaft, an uns herantragen, sorgen dafür, dass wir unser Ich-Sein fremdbestimmen lassen. In der Tiefenpsychologie spricht man hier von der Persona. Die Persona bezeichnet denjenigen Teil des Ichs, der dafür sorgt, dass der Mensch gegenüber seiner Umwelt ein an Regeln orientiertes und sozialverträgliches Verhalten zeigt. Die Eigenschaften der Persona werden überwiegend durch Anpassung erworben. Die Anpassung, die die Persona erfährt, geht jedoch zulasten der Individualität. So lässt uns die Persona das sein, was unsere Umwelt, Partner, Kinder, Kollegen, kurz die Menschen in unserem Umfeld, von uns sehen wollen, was sie von uns erwarten.

Alles andere, das zu uns und unserem Wesen gehört, vor allem wenn es von den Menschen unseres Umfeldes als schlecht oder böse bewertet wird, wird verdeckt und landet im Unterbewussten. Diese Anteile, die oft als negative Aspekte bezeichnet, beziehungsweise bewertet werden, sind unsere Schattenanteile (siehe Abschnitt Schatten).
Wir glauben (letztlich ohne es sicher zu wissen), dass die Gesellschaft, unser Umfeld, uns nur mag, wenn wir all diese Dinge in den Schatten verdrängen.
In der Kommunikation zweier Menschen spielen diese Schattenanteile kaum eine Rolle, es unterhalten sich die beiden Persona. So unterhält sich der Vater mit dem Kind, Ehemann mit Ehefrau, der Geschäftsführer mit dem Mitarbeiter und so weiter. Jeder vertritt hier die Position der Persona, seine Rollen, und nicht die des Menschen mit all dem, was sein Menschsein ausmacht.
Die Rollen der Persona werden oft mehr oder weniger freiwillig eingenommen. Dies führt dazu, dass der Mensch seine vielen vorhandenen Aspekte (die er im Unterbewussten zwischengelagert hat) nicht mehr bewusst wahrnimmt. Unter Umständen ist er – soweit er es noch in seiner Erinnerung hat – froh darüber, da diese Aspekte ja laut Einschätzung „der anderen" negativ oder böse sind.
Als Vater darf ich mir gegenüber den Kindern keine Schwäche leisten,

das würde das natürliche Vaterbild zerstören. Der Professor muss alles wissen – die Studenten dürfen keine Wissenslücken entdecken und so weiter. Letztlich führt dies dazu, dass viele Menschen in den verschiedensten Rollen herumtanzen. Die Rollen bestimmen irgendwann die Lebensweise, den sozialen Kontakt, die Kommunikation. Die Rolle wird letztlich zur Maske eines Menschen, hinter der er seine Schwächen, Fehler, Makel und Schatten verbergen kann.
Ja, diese Maske hilft mir, mich zu verstecken, die Maske wird zum Schutzmantel. Die Gesellschaft billigt dies, denn diese Maske gefällt ihr besser als die Schatten, die ich verstecke.

Eine persönliche Erfahrung hat mir dies besonders deutlich gezeigt. Im Frühling 2011 hatte ich meinen dritten USA-Aufenthalt. Während ich bei meinen ersten beiden Aufenthalten von der Freundlichkeit und Offenherzigkeit der Menschen beeindruckt war, erlebte ich dies bei meinem dritten Besuch etwas anders. Obwohl es dieses Rollen- und Maskenspiel in Deutschland auch in einer deutlichen Ausprägung gibt, ist es in der amerikanischen Gesellschaft, meines Erachtens nach, besonders stark ausgeprägt. Ich war tief beeindruckt von der oberflächlichen und maskenhaften Art und Weise, sich zu begegnen. Ohne Zweifel ist die Mehrzahl der Menschen sehr freundlich, dennoch ist es erschreckend wie stark die Rollenspiele sind und wie wenig Seele und Menschsein spürbar ist. Es scheint teilweise so, als würde die Seele hinter der Maske um Hilfe schreien.
Eine Entwicklung unseres Bewusstseins ist unter diesen Umständen kaum möglich, zumindest ist sie sehr eingeschränkt. Halten wir dieses Gefangensein in den Strukturen der Persona ein Leben lang durch? Sicherlich ist dies möglich.
In den vergangenen Jahrzehnten hatten die Menschen die Möglichkeiten, sich voll und ganz in all den Rollen zu bewegen, die sie eingenommen hatten. Immer wieder gab es Menschen und Gruppierungen, die der Gesellschaft die Spiegel vorgehalten haben, beispielsweise die Studenten der 68er Generation. Doch gelingt es selten Menschen von außen auf ihr Gefangensein aufmerksam zu machen. So haben die Menschen der Generation, die den Krieg noch am eigenen Leib

erfahren haben, gedacht, dass all diese Hippies verrückt sind und dass es überdies unverschämt ist, böse Behauptungen über die Gesellschaft aufzustellen und Forderungen zu stellen. Sie haben meist nicht verstanden, was die Jugend ihnen sagen wollte.

Zu erkennen, dass man sein Ich-Sein völlig aus dem Blick verloren hat, kann letztlich nur von innen kommen.

An anderer Stelle weise ich auf die Zusammenhänge von Körper, Geist und Seele hin. Sobald meine Seele wahrnimmt, dass mein Geist das wahre Gesicht meines Selbst unter vielen Masken versteckt und dass Ich nicht mehr gelebt wird, ich also meine wirkliche Identität verloren habe, wird sie sich zur Wehr setzen. Meist geschieht dies, indem der Körper mit irgendwelchen Krankheiten reagiert. Je stärker die Masken und je vielfältiger die Rollen und Muster sind, umso heftiger werden die Reaktionen sein. Im schlimmsten Falle sind es lebensgefährdende Erkrankungen oder Unfälle, die ein Erwachen fordern. Manchmal fordern uns beispielsweise Augenerkrankungen auf, genauer hinzuschauen, Gemütserkrankungen zeigen uns Wut und Hoffnungslosigkeit, Gelenkbeschwerden sind Hinweise, eine neue Richtung einzuschlagen und so weiter.

Sogyal Rinpoche beschreibt im Tibetischen Buch vom Leben und Sterben die Notwendigkeit, sich zeitlebens mit dem zu befassen, was uns im Sterbeprozess und danach ereilt. Auch bekannte Sterbeforscher wie Kübler-Ross und Menschen nach Nahtoderfahrungen weisen auf die Wichtigkeit hin, sich mit dem Sinn des Lebens im Bezug auf „das Danach" auseinanderzusetzen.

Die dabei beschriebenen Erfahrungen zeigen sehr deutlich, wie sehr der Mensch in der Phase seines Sterbens leidet und nach Sinn sucht und greift, wenn er sich vorher nur hinter seinen Masken versteckt hat und in seiner Persona kreiste.

So lassen Nahtoderfahrene oft ihr bisheriges Leben hinter sich und stellen fest, dass alles bisherige nur „Schall und Rauch" war. Sinnhaftigkeit und Inhalt treten an die Stelle von all dem, was die Persona der Gesellschaft bisher präsentieren wollte. „Alles ist so unwichtig in Bezug auf das, worauf es wirklich ankommt", wird von Wiederbelebten beispielsweise formuliert.

Diese Betrachtungsweisen kann ich nur bestätigen. In den Rückführungen „durchleben" viele Klienten das Sterben in verschiedenen Phasen. Zum einen betrachten sie sich die meist vielfältigen Glaubenssätze (siehe Abschnitt Glaubenssätze), die sie in diesem Leben ausgesprochen und gelebt haben. Zum anderen erfahren sie die Vorgänge des Sterbens an sich. Insgesamt ist es so, dass alle Klienten erleben, dass der Prozess des Sterbens ein sehr friedvoller Übergang in ein anderes Dasein ist. Dies ist nicht von der Zugehörigkeit zu einer bestimmten Religion abhängig.
Es ist ohne Zweifel zu erkennen, dass die Menschen, die sich nicht mit der Tatsache des eigenen Sterbens befasst haben oder zeitlebens Angst vor dem Sterben hatten, in der Phase vor dem Übergang in der Angst sind. Ausgeprägt ist dies bei Menschen, die aus religiösen Gründen Angst vor dem haben was danach kommt. Beispielsweise Angst vor einer Hölle oder dem abstrafenden Gericht. Aus meinen Erfahrungen kann ich dazu ohne jeden Zweifel Folgendes sagen: Ebenso wie das Leben hinter unseren Masken eine Aneinanderreihung von Illusionen ist, sind die Vorstellungen von Vergeltung und Hölle eine reine Illusion.

Sogyal Rinpoche ruft dazu auf, einem Trauma im Sterbeprozess zu entgehen, indem man sich vorher besinnt.
Ich kann diesen Aufruf nur bekräftigen. Alle Klienten beschreiben das in einer Rückführung erlebte Sterben als friedvolle Heimkehr. Der Sterbeprozess, also die Phase vor dem Übergang, offenbart alle Dinge des Lebens. Er spiegelt dabei die Illusionen, denen man sich hingegeben hat. Dazu gehören auch die Glaubenssätze, aber auch Unerledigtes, Unverziehenes und so weiter. Dieser Rückblick ist dann wie bei den Nahtoderfahrungen Augen öffnend. Für das abgeschlossene Leben ist dies freilich zu spät, aber... Diesen Erfahrungen können wir vorbeugen, indem wir bewusst wahrnehmen, was uns von unserem wahren „ICH BIN" abhält. Nun fragt man sich natürlich, ob es denn grundsätzlich schlecht ist, dass wir als Persona unser wahres Ich verstecken, beziehungsweise verdecken. Nein, das ist es natürlich nicht. Wir sind ja auch grundsätzlich frei, zu bestimmen, ob wir uns entwickeln möchten, bewusster werden wollen oder es vorziehen, den gewohnten, vielleicht bequemeren Weg weiterzugehen.

Doch spätestens dann, wenn ich denke oder ausspreche, dass ich mit diesem gewohnten Weg nicht mehr zufrieden bin, signalisiere ich meinem Unterbewusstsein, dass ich bereit bin zu starten.
Mit diesem Moment trete ich möglicherweise eine Lawine los!
Manch einer entdeckt eine Baustelle nach der anderen, eine Rolle nach der anderen, von der er sich befreien will, Schatten, die ihm nicht bewusst sind und bei denen es nicht klar ist, ob man sie ausleben soll oder nicht, Muster, die so kompliziert sind, dass sie kaum lösbar sind, Ängste, die plötzlich auftauchen, körperliche Beschwerden die zum Nachdenken anregen und vieles mehr.
Ich kenne mittlerweile viele solcher Menschen. Jeder Einzelne hat für sich die Entscheidung getroffen, herauszufinden, wer hinter den Masken steckt. Alle Erfahrungen, auch die anstrengenden und schmerzhaften, die in den vielfältigen bewusstseinsentwickelnden Prozessen entstanden, werden von diesen Menschen als bereichernd und wichtig betrachtet!
Niemand hat sich zurückentwickelt, manche legen eine Pause ein, wenn es zu anstrengend wird, doch ist der Weg zu Erkenntnis und Weisheit nicht umkehrbar.
Das Umfeld, die Gesellschaft, betrachtet dann jeweils einen Verrückten mehr, wieder jemand, der plötzlich die Kontrolle verloren hat, sich der Kontrolle entziehen will, der ausbricht, sich entgegen der Normen benimmt.
Hier folgen keine weiteren Theorien, sondern in der Praxis belegte Grundlagen aus den „Lehren des Menschseins". Ich versuche, diese Dinge so zu erklären, dass sie auch für die Leser verständlich sind, die sich mit Psychologie und Tiefenpsychologie, sowie der Esoterik nicht auskennen.

„In dir selbst ist eine Ruhe und ein Heiligtum,
in welches du dich jederzeit zurückziehen
und ganz du selbst sein kannst."

(Hermann Hesse)

Deine Glaubenssätze

Glaubenssätze kennt jeder, hat jeder, und sie prägen unser Leben im Denken, Fühlen und Handeln.
Es sind ausgesprochene Aussagen, an die wir „glauben" - Leitsprüche, die wir für „wahr" halten - die wir als „unsere Einstellung" vertreten. Diese Glaubenssätze stammen nicht nur aus dem jetzigen Leben sondern manchmal auch aus früheren Leben.
Glaubenssätze sind uns nicht immer bewusst, doch sie wirken auf unser ganzes Dasein, sie lassen uns Dinge anders wahrnehmen als diese tatsächlich sind.
Einschränkende Glaubenssätze hindern uns an unserem wirklichen Sein:
- Das schaffe ich nie.
- Ich gewinne nie.
- Ich habe die Fülle nicht verdient.
- Ich werde nur geliebt, wenn ich etwas dafür tue.
- Ich bin es nicht wert, geliebt zu werden.
- Ich bin nicht gut genug.
- Andere haben die Macht über mich.
- Die Welt ist schlecht.
- Reich wird man nicht durch Ehrlichkeit.
- Ich habe immer Probleme.
- Es ist alles so schwer.
- Keiner hat mich richtig lieb.
- und vieles mehr.

Unsere Glaubenssätze übernehmen wir zum Teil aus früheren Leben. So habe ich beispielsweise mehrfach erlebt, dass Menschen, die in einem früheren Leben den Verlust eines Kindes zu beklagen hatten, einen Glaubenssatz abspeicherten wie: „Ein Kind zu haben, ist mit viel Schmerz verbunden". Dies führt dann oft zur Kinderlosigkeit oder dem nur zu gut bekannten Gluckenverhalten, da Körper, Geist und Seele genau diesen Satz kennen, auch wenn er dem Menschen nicht mehr bewusst ist. Und dieser Glaubenssatz wird als gespeicherte Wahrheit

das aktuelle Geschehen entscheidend beeinflussen, auch wenn es im Heute nichts mehr mit der Wirklichkeit zu tun hat.
Auch Armuts- und Keuschheitsgelübde resultieren teilweise aus Erfahrungen und Glaubenssätzen vergangener Leben, beziehungsweise sie üben heute noch Kraft und Macht aus. Ein Leben im Mangel, ein Leben ohne Partner oder Kinder ist auf diese Weise oft selbstkreiert, ohne es zu wissen oder zu ahnen.
Aber auch durch Aussagen wichtiger Bezugspersonen wie Eltern, Großeltern, Geschwister, Lehrer, Freunde und Partner werden Glaubenssätze angenommen. Fernsehen, Radio, Zeitungen und gesellschaftliche Anlässe zeigen uns beispielsweise das Schönheits- und Jungsein- Ideal und lassen es schnell durch Glaubenssätze implementieren. „Nur wer schön ist, hat Erfolg" könnte ein solcher Satz sein.
Eigene Erfahrungen und Erlebnisse, insbesondere Schicksalsschläge wie Unfälle, Verletzungen jeglicher Natur, Missbrauch und vieles mehr führen oft zu Glaubenssätzen, die das Leben fortan begrenzen. Wer nach einer Trennung das Gefühl hat, dass alle Frauen Herzen brechen, wird Schwierigkeiten haben, sich auf eine neue Liebe einzulassen. Rothaarige Frauen hinterlassen in vielen Menschen ein Gefühl, das wir alle aus dem Mittelalter kennen. Auch hier steckt oft ein nicht gelöster Glaubenssatz als Stachel im Unterbewussten.

Wichtig ist es, herauszufinden, ob wir durch solche Glaubenssätze eingeschränkt sind. Jeder kennt einige der oben aufgeführten Sätze oder bemerkt in bestimmten Situationen, dass er nicht frei handelt.
Ebenso wichtig ist es, zu erkennen, dass, wenn wir Glaubenssätze übernehmen, diese nur eine mögliche Sicht der Dinge sind und nicht unbedingt „unserer" Wahrheit entsprechen.
Glaubenssätze können auch nützlich sein und zwar dann, wenn sie uns helfen, Gegebenheiten schnell und sicher einzuordnen und rasch darauf zu reagieren. Dann geben sie unserem Leben Stabilität und Sicherheit.
Einschränkende Glaubenssätze hindern uns daran, das zu leben, was wir wirklich sind und wollen. Sie beschneiden uns in unserer Freiheit und Selbstverwirklichung. Selten überprüfen wir unsere Glaubenssätze

und so bleiben sie in unserem Unterbewusstsein bestehen, auch wenn sie schon lange nicht mehr zutreffend sind.
So glauben wir oft Dinge und halten sie für „wahr". Besonders immer wieder bestätigte und alte Glaubenssätze sind tief in unser Unterbewusstsein, aber auch in unser Bewusstsein eingelagert und warten still auf den Startschuss, um dann sofort in Aktion zu treten.

Wie schaffen wir es, Glaubenssätze zu entlarven, zu erkennen?
Aus eigener Erfahrung kann ich sagen, dass es schwer ist, allein zu erkennen, dass man einen oder mehrere Glaubenssätze abgespeichert hat. In Rückführungen spürt man Glaubenssätze auf, aber auch mit bewusstem Hinschauen, Hinhören und Leben ist es durchaus möglich an eigene Glaubenssätze heranzukommen. Sind sie aufgespürt, beginnt man, bewusst zu begreifen, wie sie uns beeinflussen.
Es kann hilfreich sein, vertraute, bewusste Mitmenschen zu bitten, uns auf einschränkende Glaubenssätze aufmerksam zu machen, damit wir sie auflösen können. Dabei ist vor allem auf Aussagen, die Worte wie „immer", „alle", „jeder" oder „grundsätzlich" enthalten, zu achten!

Wie kann man einschränkende Glaubenssätze aufgeben und durch unterstützende Glaubenssätze, die Freude und Erfolg in unser Leben bringen, ersetzen?
„Ich kann nicht gewinnen", (entstammt vielleicht dem Sprichwort: „Wie gewonnen - so zerronnen") wird beispielsweise ausgetauscht mit dem Satz: „Ich bin es wert, Fülle zu erlangen."
Alles, was den Sinn trägt, etwas nicht zu können oder zu verdienen wird durch eine positive Aussage ersetzt.

Prägungen jeglicher Art bestimmen unser Leben, ob es die später beschriebenen Rollen und Muster sind oder aber die Glaubenssätze sind:
Es ist Zeit, sie zu lösen!
Sobald wir lernen, dass nicht unser Verstand der Hüter allen Wissens und aller Erfahrungen ist, sondern ein weitaus größerer Schatz an Erkenntnis, Wissen und Weisheit in unserer Seele liegt, aber auch im Unterbewussten schlummert, um genau dann zu Tage zu treten, wenn

beispielsweise ein Glaubenssatz wirksam werden will, können wir aufmerksam wahrnehmen und gegensteuern.

Wir selbst bestimmen, inwieweit wir uns steuern lassen oder uns selbst steuern. „Ich kann mich aus mir selbst heraus wandeln, unabhängig von anderen! Ich bin meines Glückes Schmied!"

Unsere Seele kennt alle Wahrheit, hat alle Weisheit, deshalb gilt es, auf unser „Innerstes" zu hören, statt ständig unserem Verstand zu glauben. Natürlich ist es wichtig, dass der Verstand uns sagt, dass Hunde beißen, dennoch beißen nicht alle Hunde und längst nicht jederzeit.

Sogyal Rinpoche beschreibt im Tibetischen Buch vom Leben und Sterben unsere Abhängigkeit vom Verstand. Unser Verstand ist ein Experte darin, wenn es um Denken, Planen, Begehren, Manipulieren, Ablehnen, Zorn und Emotionen schaffen, Vorbehalte aufbauen und so weiter geht. So erschafft er auch unsere Glaubenssätze. Alle diese vom Verstand geschaffenen Aktivitäten und Aspekte haben eines gemeinsam, sie werden gleichzeitig in irgendeiner Weise der Bewertung unterzogen und dann im Unterbewusstsein für alle Fälle abgespeichert. Bellt nun ein Hund, ist er gefährlich, sind die Haare einer Frau rot, hext sie und so weiter. Nicht unser Verstand reagiert bei erneuten Konfrontationen aus dem Glaubenssatz heraus, sondern das Unterbewusstsein, das als Speicher aller Informationen hervorragende Dienste leistet.

Es wirft diese Informationen unserem Verstand zu, der solch wichtige Erfahrungen als bare Münze aufnimmt und für die scheinbar notwendige Reaktion sorgt (weglaufen, ablehnen, etc.).

Erlebe ich beispielsweise als Kind und Jugendlicher eine komplizierte und verletzende Beziehung bei den Eltern, kann diese Erfahrung zu einer Vielzahl von Glaubenssätzen führen, die später eine freie und unbeschwerte Beziehung zumindest erschweren.

Das heißt also: „Ran an das Aufspüren! Wenn du den Anfang gemacht hast, ist es gar nicht mehr so schwer!" Spirituell und esoterisch betrachtet, gibt es letztlich nichts, was wir nicht mit unserem Willen beeinflussen und herbeiführen können. Gelingt es nicht, unseren Willen wirklich umzusetzen, sind nicht alle Hindernisse beiseitegeräumt! Bei

dieser sogenannten Manifestation ist es wichtig, nicht zu wünschen, sondern eine klare Absicht zu äußern!
Die Aussage kann nur sein: „Ich will".
Wie gesagt, damit kann eine Lawine losgetreten werden.

Würde die Menschheit nur einen Schimmer davon erhaschen, was für unendliche Freuden, was für vollendete Kräfte, was für leuchtende Weiten spontanen Wissens, was für ruhige Ausdehnungen unseres Wesens auf uns warten in Regionen, die unsere tierhafte Natur noch nicht erobert hat, so würde sie alles lassen und nicht eher ruhen, als bis diese Schätze gewonnen sind.
Doch der Pfad ist eng, die Tore sind schwer aufzubrechen, und Misstrauen, Angst und Zweifelsucht sind da, die Fangfühler der Natur, die unseren Fuß daran hindern sollen, sich von den gewöhnlichen Weiden abzukehren.

(Sri Aurobindo)

Deine Schatten

Mit dem Begriff „Schatten" sind in der Psychologie Aspekte gemeint, die die eigene Persönlichkeit blockieren.
Was sind denn Schatten? Ähnlich wie es bei den Rollen bereits beschrieben wurde, handelt es sich hier um Anteile, die wir als Menschen unserer Umwelt nicht zeigen möchten, da sie meist nicht zu unserer Rolle passen.
So entdeckt man auf der Suche nach den Schatten oft Aspekte und Themen der Wut, der Aggression, des Neids, der sexuellen Neigungen, des Jähzorns, der Macht und so weiter. Bei diesen Aspekten ist es meist so, dass wir, wenn wir auf irgendeine Weise damit in Berührung kommen, kategorisch abstreiten, eine Nähe dazu zu haben.
Oft sind es aber auch ganz alltägliche Dinge, sozusagen Kleinigkeiten, die sich als Schatten einprägen. Dies beginnt bereits in der Kindheit, denn hier erlebt das Kind oft sehr komplexe Situationen und Anweisungen der Erwachsenen, die allzu oft paradox sind. So haben wir alle einst sprechen gelernt und sollten dann still sein, laufen gelernt und sollten dann still sitzen.
Allzu oft hilft unsere Gesellschaft hier mit der chemischen Keule nach, wenn das Kind oder der Heranwachsende seine ihm zugedachte Rolle nicht so spielt wie vorgesehen.

Der Begriff Schattenarbeit basiert zum großen Teil auf den Arbeiten von Carl Gustav Jung, einem Schweizer Psychiater (1875 – 1961) und Schüler, später auch Kritiker, von Sigmund Freud.
Jung entdeckte, beziehungsweise beschrieb die Archetypen, also gewisse Grundeigenschaften, des kollektiven Bewusstseins, die jeder Mensch in sich trägt.
Auf seiner Grundlagenforschung beruhen die in seinen Werken beschriebenen und heute vielfach anerkannten Darlegungen zur Schattenarbeit. Nach Jungs Ansicht trägt jeder Mensch mit den kollektiven Archetypen und den Schatten sozusagen viele in der Gesellschaft als negativ betrachtete Eigenschaften von Grund auf in sich.
Demnach ist es nicht die Frage, ob ich beispielsweise den Schatten von

Hass und Neid in mir trage, sondern ob ich bereits daran gearbeitet habe, beziehungsweise wann er zum Vorschein tritt.

Auch in der Reinkarnations- und Rückführungstherapie begegnet man den Schatten, da sie Bestandteil des Unterbewussten sind. Klienten, die auf die Spurensuche nach ihrem „Ich", nach dem „wer bin ich" gehen, gelangen immer auch an ihre Schatten. Ohne sich damit auseinanderzusetzen, gelingt es kaum, sich wirklich weiterzuentwickeln.

Als Beispiel sei hier das Thema Wut genannt. Viele meiner Klienten kommen zu mir, weil sie beispielsweise bemerken, dass sie mit Menschen in ihrem Umfeld ein Problem haben, ohne bisher den Grund dieser Reibungspunkte entdeckt zu haben. Häufig wird ein körperliches Problem, wie zum Beispiel Enge in der Brust und Oberbauchbeschwerden, parallel zu emotionalen Reaktionen erlebt. Diese Klienten entdecken in der Sitzung, dass die Beschwerden in einer Auseinandersetzung in der Vergangenheit entstanden sind. Es entwickelt sich eine intensive Wut, deren Facetten alle detailliert beschrieben werden können. Der Klient spürt häufig die Muskelanspannung, den brettharten Bauch, die Magenschmerzen, die Brustenge und vieles mehr. Im Moment des Erlebens werden nicht nur die Situationen des Ursprungs bewusst, nein, auch die aktuellen Situationen.

Absolut überraschend für den Klienten ist dann meist, dass es einem sozusagen wie Schuppen von den Augen fällt. Plötzlich ist klar, was man verdrängt hat, dass beim Zusammentreffen mit einem Elternteil das gleiche Gefühl auftritt, bei der Begegnung mit dem Chef ebenfalls und so weiter. Die größte Überraschung ist dabei, dass man jahrelang verdrängt hat, dass dieses Wissen vorhanden ist. „Ich hab's letztlich immer gewusst", ist häufig die spontane Aussage des Klienten.

Die Menschen sind wahre Verdrängungskünstler, wenn es um scheinbar negative Aspekte geht. Doch sollten wir in der Bewertung dieser Aspekte vorsichtig sein. Wir entwickeln uns am wenigsten an und mit unseren positiven Aspekten und Eigenschaften.

Die Negativen zwingen uns dazu, uns Gedanken um unser Menschsein zu machen. Meine Klienten sind nahezu alle fasziniert, wenn sie entdecken, dass sie Seiten an sich haben, die sie vorher nicht kannten. Gleichzeitig erkennen sie, dass dieses Wissen ihnen jetzt hilft, mit und an diesem Schatten zu arbeiten. So haben sie beispielsweise nach der Erkenntnis die Chance, die Magenbeschwerden am Ursprung zu behandeln, nämlich bei der Wut. Der erste und meist sehr wichtige Schritt ist bei der Erkenntnis bereits gemacht.

Doch wie finde ich nun auf einfache Weise heraus, ob ich Schatten habe, die es zu finden gilt?
Bei der Arbeit mit den Klienten, aber auch bei vielen persönlichen Erfahrungen habe ich Folgendes entdeckt:
Seine eigenen Schatten erkennt ein Mensch an den Eigenschaften, die ihn an seinen Mitmenschen stören und die ihn bei anderen Menschen immer wieder in Aufregung versetzen. Diese Eigenschaften sind meistens dadurch in uns blockiert, dass wir sie nicht zulassen wollen.
Aus dem Spirituellen und aus der Esoterik kennen wir das Gesetz der Polarität. Dieses besagt, dass wir zu jeder Energie, jeder Eigenschaft das entsprechende Gegenstück benötigen, um eine vollständige, eine runde Erfahrung zu machen. Wenn ich beispielsweise den Schmerz nicht kenne, weiß ich die Schmerzfreiheit nicht zu schätzen, Dunkelheit besteht nicht ohne Wissen um das Licht, Spannung nicht ohne Entspannung, und so weiter. Genauso ist es auch mit den Schatten.
Unsere Schatten haben wir irgendwann abgespalten und unterdrückt, beziehungsweise abgelehnt. Sie sind Teile unserer Persönlichkeit, die wir aus Angst nicht zeigen wollen. Diese Anteile haben wir auf die große „Festplatte Unterbewusstsein" geschoben.
Wir haben durch unsere Erziehung gelernt, dass manche Eigenschaften oder Emotionen „böse" sind. Da aber in jedem Menschen innerhalb der Polarität auch die sogenannten negativen Eigenschaften vorhanden sind, bedeutet das, dass wir eben nicht mit voller Kraft leben können. Diese „negativen" Energien, wie beispielsweise die Wut, könnten dazu genutzt werden, mit aller Kraft konstruktiv zu sein.
Statt mich über einen Mitmenschen zu ärgern, kann ich in meiner Wut zuerst Kraft aufnehmen – um dann zu entscheiden, wozu ich diese Kraft nutzen möchte. Jede Art von Ablehnung bindet Energien, die ich besser einsetzen kann. Ich kann sie nutzen, um all das abzubauen und zu lösen was mich stört, beispielsweise körperliche Beschwerden.

Unsere Schatten müssen wir weder lieben noch ausleben, nur akzeptieren, dass sie da sind, dass sie zu uns gehören. Und, wir sollten unsere Schatten wie Werkzeug nutzen.
Tragen wir als Schatten beispielsweise eine tiefe Wut in uns, können wir so tun, als gäbe es diesen Schatten nicht. Doch hilft uns das nicht. Irgendwann bricht dieser Schatten aus und zwar möglicherweise in einem Moment, in dem wir ihn überhaupt nicht brauchen können. Vielleicht, indem wir unserem Kind oder Partner in einer Stresssituation Gewalt antun, unseren Chef anschreien oder mit völlig überhöhter Geschwindigkeit auf der Straße unterwegs sind. Bemerke ich diese Wut bevor sie unkontrolliert ausbricht, kann ich sie (gegebenenfalls mit Unterstützung erfahrener Therapeuten) kanalisieren und dosiert abbauen.

Wichtig ist es, dass du nach dem Erkennen eines Schattens die Eigeninitiative ergreifst. Mach deinem Schatten klar, dass du ihn kennst und annimmst, dass aber du entscheidest, wie und wann er zutage tritt. Damit erhältst du allein die Macht über deinen Schatten.
Ein Beispiel: Es stört mich, dass jemand anderes übermäßig genau ist. Seine Pedanterie ist lästig und nervend und macht mich vielleicht sogar wütend.
Die Pedanterie (sicher in diesem Beispiel auch versteckt die Wut) ist damit als Schatten erkannt. Ich habe sie beim anderen erkannt und trage sie auch selbst in mir. Nun sollte ich mir beispielsweise folgende Fragen stellen:
- Was befürchte ich, wenn ich sie lebe?
- Warum verbiete ich sie mir?
- Beneide ich die, die pedantisch sein können?

Wichtig ist es, nach dem Erkennen des Schattens, dass ich ihn mir zugestehe. Dann ist es mir möglich, beispielsweise pedantisch zu sein oder eben nicht. Ich spüre die Freiheit, selbst zu entscheiden, wie ich mit dem Schatten umgehe.
Eine zentrale Bedeutung hat es also, ob ich einen Schatten wegsperre oder ihn erkenne und akzeptiere. Ich warne aber davor, ihn zu erkennen, um ihn dann mit aller Gewalt aufzulösen und zu bekämpfen!

Der Schatten will zu uns gehören, weil er immer als Gegenpol einer empfundenen positiven Eigenschaft für Ausgleich sorgt. Nicht das Separieren oder Neutralisieren ist die Aufgabe, sondern das Verbinden mit dem Gegenpol. So kann ein Integrieren der Pedanterie in unser Chaos zu einer angenehmen und gemütlichen Umgebung führen. Die Annahme der Angst durch die Liebe führt vielleicht zum ersehnten Einklang, Wut und Anspannung zu Ausgeglichenheit und so weiter.
Einen Schatten zu integrieren bedeutet also auch, dass ich ihn nicht mehr unbewusst unterdrücken muss und dass ich mich ausgeglichener und bewusster fühlen kann.
Beim Schreiben wird mir bewusst, dass ich vor etwa zwanzig Jahren Unordnung, Staub und Unsauberkeit hasste. Kollegen und Familie ging das sicher manchmal auf den Keks. Doch kann ich heute den Staub in meiner Wohnung Staub sein lassen, akute Anwandlungen von Putzwahn lasse ich bewusst vorbeiziehen und fühle mich gut dabei...
Es geht!

Ich möchte an dieser Stelle nicht tief in die Rückführungsarbeit einsteigen, da ich innerhalb meiner ersten beiden Bücher diese Arbeit sehr detailliert beschrieben habe.
Eines sei jedoch angemerkt, wir haben in der Vergangenheit, in Jugend- und Kindheit oder aber in früheren Inkarnationen alle Täter- und Opferrollen innegehabt, ob wir dies nun mögen oder nicht. So haben wir auch die lichtvollen, wie auch die schattenhaften Aspekte in uns. Dies zu erkennen hilft uns ungemein, uns selbst zu entdecken und zu verstehen.
Dies zu akzeptieren, ist quasi eine Art Quantensprung in unserer Entwicklung. Wir können nun beginnen diese Seiten zu integrieren.
Diese Eigenschaften, letztlich nur Energien, die in uns schlummern, begleiten uns bereits über viele Inkarnationen. Viele der Schatten sind sozusagen bereits „beackert" und deshalb kaum noch als Belastung oder als Problem wahrzunehmen. Dies widerspricht sicher den Grundlagen der Psychologie, die sich lediglich mit unserem aktuellen Menschsein auseinandersetzt. Doch zeigen Klienten, beziehungsweise ihre Erfahrungen in Rückführungen, dass es eine große Rolle spielt, was in ver-

gangenen Inkarnationen bereits gelöst oder auch an schattenhaften Erfahrungen angehäuft wurde.
Ein Beispiel dazu:
Eine Klientin kam wegen Beziehungsproblemen und immer wieder auftretenden Wutausbrüchen, in denen sie völlig die Kontrolle verlor, zu einer Rückführung. Sie entdeckte, dass sie in einem früheren Leben einen lieben Menschen durch ein Verbrechen verloren hatte. Der Täter war damals ein Trunkenbold, der zu dem Mord angestiftet worden war. Sowohl der Anstifter wie auch der Trunkenbold sind ihr im heutigen Leben als nahe Verwandte bekannt. Genau in dieser Situation erkennt sie, dass sie vor vielen Jahren ihrem Partner (einer der beiden Täter) im Streit beinahe ein Messer in den Körper gestoßen hätte. Nach der Sitzung ist sie verblüfft, dass sie diese Situation völlig verdrängt hatte, sie war ihr nicht mehr bewusst. Dass die in der Sitzung physisch und psychisch intensiv erlebte Wut sowohl in der früheren Inkarnation wie auch im jetzigen Leben so gegenwärtig ist, erstaunte sie sehr.
Innerhalb der Sitzung wurden die erlebten Emotionen, Schatten und so weiter soweit gelöst und sozusagen ins eigene System integriert, wie sie durch die Klientin erkannt und akzeptiert wurden, sodass sie völlig entspannt den „Behandlungsraum" verlassen konnte.

Wenn ich selbst feststelle, dass ein Schatten nichts „Böses" in sich trägt, sondern nur behutsam angenommen werden will, habe ich gewonnen. Das Denken: „Nein, der Kollege X macht mich nicht schon wieder wütend", führt irgendwann zum Ausbruch, weil ich zwar die Wut erkannt habe, nicht aber den Grund noch die Wirkung der Wut.
„Mein lieber Kollege, ich schätze dich sehr, aber weißt du, dass diese Eigenart ... mich rasend vor Wut macht?", hat einen stressabbauenden Effekt und ist meist sehr heilsam und kommunikationsfördernd. Sich genau zu beobachten, wie und wann sich ein Schatten bemerkbar macht, wie er körperlich wirkt und wie er sich verändert, wenn ich an ihm arbeite, ist dabei wichtig. Ja, es kann sogar Spaß machen, so an sich zu arbeiten. Wenn es mir nicht gelingt, den Schatten alleine zu bearbeiten, zu lösen, zu integrieren, sollte ich mir überlegen, einen geübten und erfahrenen Therapeuten aufzusuchen.

Dabei kann uns der Weg der Rückführungstherapie, verschiedene Energiearbeiten und der Schamanismus unterstützen. Selbstverständlich können dies auch auf Schattenarbeit spezialisierte Heiler und natürlich auch erfahrene Psychotherapeuten.

Wichtig ist es aus meiner Sicht jedoch immer, den Klienten erfahren zu lassen, dass der erkannte Schatten nichts ist, was aufgelöst, von uns wegtransportiert und vernichtet wird. Die Energie des Schattens wird verändert, er verliert sozusagen seinen Schrecken und wird dann in unser Bewusstsein integriert. Die Klientin wusste nach der beschriebenen Situation nicht mehr, dass sie beinahe ein Verbrechen begangen hätte, sie hatte es vollkommen verdrängt. Innerhalb der Erkenntnis hat sie die intensive Energie der Wut gelöst und das Wissen um den Schatten „Wut" in ihrem Bewusstsein aufgenommen.
Da ich es für eminent wichtig halte, wiederhole ich es: Nicht das Verdrängen, nicht das angebliche Auflösen und Beseitigen eines Schattens hilft uns wirklich, sondern das Lösen der entsprechenden Energie und das Integrieren des bewussten Schattens.

Natürlich ist es nicht immer einfach, die Schatten auf diese Weise zu integrieren, aber es lohnt sich, damit zu beginnen. Wichtig ist es dabei, nicht gegen einen Schatten zu kämpfen, denn einen solchen Kampf gewinnt man nicht.
Beispielsweise gegen Wut zu kämpfen, ohne sie zu akzeptieren, potenziert die Wut bis sie ausbricht (siehe das Beispiel der oben genannten Klientin). Oft stehen am Ende solcher Kämpfe Enttäuschungen, Dramen, aber auch ein verringertes Selbstbewusstsein und Selbstvertrauen. Dem Schatten Wut auf die Spur zu folgen, um ihn zu verstehen und zu integrieren, steigert unser Selbstvertrauen und Selbstbewusstsein. Es handelt sich also bei der Schattenarbeit um einen ganzheitlichen Prozess, der nicht losgelöst von unserem gesamten Leben betrachtet werden kann.
Eben deshalb ist es auch so schwer, den Schatten auf die Spur zu kommen. Zumindest einer unserer mit dem Menschsein eng verbundenen Anteile von Körper, Geist oder Seele hält uns oft vom Erkennen des

Schattens ab.

Meist ist dies der Geist, unser Verstand, oder aber das Ego. Die einfachste Methode, einen Schatten zu ignorieren ist, ihn als negative Eigenschaft unseres Gegenübers zu identifizieren. Löst der Chef die Wut in uns aus, ist er der vermeintliche Miesepeter. Stört mich die schreckliche Unentschlossenheit eines Kollegen, kann ich diesem das natürlich genauestens erklären, ohne Gleiches bei mir festzustellen. Erschüttern mich sexuelle Neigungen bei anderen Menschen oder gar Verbrechen, die über die Medien breitgetreten werden, über ein erträgliches Maß hinaus, ist es leicht, sich an der Diskussion über das Ächten solcher Auswüchse zu beteiligen. Immer wenn uns solche Dinge in irgendeiner Weise berühren, wir sie aber nicht an uns herankommen lassen wollen, sondern nur den scheinbaren Verursacher als Schuldigen ausmachen, sollten wir hellhörig werden.

Von mir selbst weiß ich, dass ich auf diese Weise einige Schatten in den hintersten Schubladen versteckt hatte. Die Aussage: „Ja, ich will verstehen, erkennen und bewusster werden.", hat vieles verändert.

Ein Beispiel aus meiner eigenen Erfahrung möchte ich dazu darlegen: Noch vor wenigen Jahren hätte ich behauptet, dass mich das Thema Macht nicht betrifft. Bereits als Kind bin ich, obwohl ich eine erhebliche Kraft an den Tag legen konnte, jedem Machtkampf aus dem Weg gegangen. In der Schule und im Berufsleben ging dies weiter. Dennoch konnte ich mich einer offensichtlichen Übermacht auch nicht unbedingt beugen. Nur weil jemand einen höheren Rang hatte, hielt ich es nicht für notwendig, mich kleinzumachen. Im Gegenteil, Menschen, die dies erwarteten, erhielten von mir keine Achtung.

Vor einiger Zeit behauptete ein Freund, dass ich ein Machtproblem habe. Ich verstand diese Aussage nicht, konnte sie aber erst einmal so stehen lassen. Dann sprachen mich Tage danach Freunde an, meine Homepagefotos würden eine gewisse Macht ausstrahlen. Ich begegnete nun ständig diesem Wort. Im Privatleben erlebte ich plötzlich eine machtvolle Auseinandersetzung.

Nach dieser Erfahrung begab ich mich auf Ursachenforschung und landete doch tatsächlich in einer Rückführung in einem Leben als Magier. Und hier erlebte ich die Macht, sowohl in der Machtausübung wie auch in der Machtlosigkeit. Auch erlebte ich sie in der lichtvollen Weise ebenso wie von der dunklen Seite betrachtet, als schwarze Magie. Nicht überrascht war ich, als nun etliche Klienten mit eben diesem Thema auftauchten. Wie mehrfach beschrieben, haben wir als Täter und Opfer viele Erfahrungen gesammelt, so auch in der vollendeten Macht wie auch in der Machtlosigkeit.

Heute erlebe ich eher Klienten, die sich in vielen Situationen des Lebens macht- und kraftlos fühlen. Wie vorher beschrieben, ist es zuerst einmal wichtig zu erkennen, dass auch die Macht ein wichtiger Anteil von uns ist. Macht, und das habe ich intensiv erfahren dürfen, ist eine wichtige Energie. Eigene Macht und Kraft benötigen wir, um mit Energie, Selbstbewusstsein und Selbstvertrauen durchs Leben zu gehen. Gegen alle negative Macht (Energien, die unsere Mitmenschen „kleinmachen") können wir uns dabei bewusst entscheiden und Macht nur im „positiven" Sinne integrieren und als innere Stärke nutzen.

Diese bewussten Entscheidungen fallen uns anfangs schwer, aber es gelingt immer besser!

Das kannst auch du!

„Der Mensch hat dreierlei Wege klug zu handeln:
Erstens durch nachdenken, das ist der edelste.
Zweitens durch nachahmen, das ist der leichteste.
Drittens durch Erfahrung, das ist der bitterste."

(Konfuzius – 500 v.Chr.)

Deine Spiegel oder Das Gesetz der Resonanz

Auch dieses Thema ist vielen bekannt. Einige Autoren haben versucht, plausibel, regelrecht wissenschaftlich zu beschreiben, was dieses „Gesetz" bedeutet, was es bewirkt. Ich möchte es bei einer einfachen Erläuterung, ergänzt mit persönlichen, praktischen Beispielen, belassen, (ich empfehle dazu eine gleichnamige DVD: „Das Gesetz der Resonanz"). Kurz gefasst bedeutet es, dass Gleiches sich immer anzieht.

Vorher habe ich beschrieben, dass ich interessante Erfahrungen mit Spiegeln gemacht habe. Im Bezug auf das Resonanzgesetz sagte mir vor Kurzem eine Bekannte: „Erinnere dich doch an deine Kindheit. Kinder heben doch bei Beschuldigungen durch andere Kinder oft die Hand hoch und sagen „Spiegel, selber, selber!".

Ob Kinder in diesem Moment in ihrem Bewusstsein dieses Wissen tragen, weiß ich nicht, doch trifft diese Geste absolut zu. Es ist letztlich wie bei der Schattenarbeit, ich erkenne mich im Gegenüber.

Auch hier ein eigenes Beispiel. Viele Kollegen aus der Rückführungs- und Energiearbeit machen wie ich die Erfahrung, dass Klienten mit bestimmten Themen dann gehäuft auftreten, wenn man selbst an diesem Thema knabbert.

Beispielsweise kamen viele Klienten mit dem Thema „Loslassen- und Zulassenkönnen" zu mir, als ich selbst mit diesem Thema konfrontiert wurde.

Ein Kollege hatte mich Monate vorher gefragt: „Und, wie ist es bei dir mit Loslassenkönnen?" Ich war mir in diesem Moment sehr sicher, dass ich mit diesem Thema keinerlei Probleme hätte. Ich konnte problemlos mit dem Sterben umgehen, mich immer von Situationen trennen und so weiter. So erwartete ich nicht, dass mich das Loslassen in einigen Bereichen meines Lebens erreichen würde. Zuerst traten vermehrt Klienten auf mit Problemen beim Umgang mit Sterben und Tod, Verlust eines Kindes, des Partners, der Arbeit und so weiter. Dann stellte ich fest, dass einzelne Aspekte dieser Klienten teilweise deckungsgleich in meiner aktuellen Lebenssituation auftraten. In diesem Moment erinnerte ich mich an die Frage meines Kollegen.

So besagt also das Gesetz der Resonanz nichts anderes, als das mir das begegnet, was für mich in dieser Situation, in diesem Lebensabschnitt eine (besondere) Bedeutung hat.

Ist es an der Zeit, mich mit meinen Schatten zu befassen, werden mir Menschen mit den gleichen Schatten begegnen, beziehungsweise Menschen, die den Schatten „anticken". Bin ich bereit, beziehungsweise fällig, mein Herz zu öffnen wird mir jemand begegnen, der genau dazu in der Lage ist, sei es ein Haustier, ein neuer Partner, oder - wenn ich besonders störrisch bin - mein Zwilling!

Stehe ich auf der Stelle und erkenne alle Hinweise um mich herum nicht, ziehe ich mir beispielsweise einen kleinen Crash mit meinem Fahrzeug zu.

Oft sind es Personen, die uns gegenübertreten und uns letztlich durch ihr Dasein, ihre Art, ihre Eigenschaften oder ihre Taten zeigen was bei uns „ansteht".

Auch wenn ich selbst vor Jahren in solchen Situationen noch häufig über den Begriff Zufall nachdachte, weiß ich jetzt, dass es diesen oft zitierten Zufall nicht gibt. Ohne dass wir in allem einen tiefen Sinn suchen müssen, halte ich es für sehr hilfreich, alle Situationen und Personen, die uns begegnen dankbar anzunehmen. Betrachte ich dann alles was mir begegnet mit wachen, achtsamen und aufmerksamen Augen, fallen mir Dinge auf, die ich vorher nicht erkannt hätte.

Wenn ich ständig an allem und jedem etwas auszusetzen habe, alles mies finde und jeder für mich ein Idiot ist, zeige ich dies sogar durch meinen Blick und meine hängenden Mundwinkel. Auch hier greift das Gesetz der Resonanz. Ich werde Gleichgesinnte finden, die mich in meiner Meinung „alles ist mies" bestätigen.

Ich ziehe also nur die Dinge an, die für mich hier und heute wichtig sind und die zu meiner momentanen Stimmung und Situation, beziehungsweise Grundstimmung, passen.

Das Beispiel des Bücher-Lesens passt hier sehr gut. Insbesondere das Lesen eines bewusstseinserweiternden Buches zeigt, dass ich beim Zweitlesen ganz andere Inhalte wahrnehme als beim ersten Lesen. Dies hat zwar auch mit der persönlichen Entwicklung zu tun, aber auch mit dem, was ich genau zu diesem Zeitpunkt für Themen bearbeite.

Ich habe mir angewöhnt, bei solchen Büchern ab und zu einfach eine Seite wahllos aufzuschlagen. Nahezu immer zeigt mir die aufgeschlagene Seite eine Antwort auf die persönlichen Fragen der Zeit, des Tages oder der Stunde, manchmal auch zu einer eben gestellten Frage.

Was meine Neugierde suchte,
was mir Träume, Lust und Angst schuf,
das große Geheimnis der Pubertät,
das passte gar nicht
in die umhegte Glückseligkeit meines Kinderfriedens.
Ich tat wie alle.
Ich führte das Doppelleben des Kindes,
das doch kein Kind mehr ist.

(Herrmann Hesse)

Dein Inneres Kind

Die Arbeit mit dem Inneren Kind ist zwar mittlerweile bei vielen Therapeuten zur Standardtherapie geworden, ist jedoch in der Gesellschaft weiterhin recht unbekannt.
Mir war der Begriff „Inneres Kind" vor der Ausbildung zum Rückführer nicht bekannt. Ich war und bin immer noch beeindruckt von den Erfahrungen, die ich selbst mit dem Inneren Kind und der Inneren Familie machen durfte. Viele Klienten haben in der Zwischenzeit ebensolche Erfahrungen gemacht.
Das „Innere Kind" ist ein Ausdruck für den Teil unseres Seins, in dem unsere tieferen Empfindungen, unsere Gefühle, aber auch ein Teil unserer Vergangenheit wohnt. Es repräsentiert den Teil in uns, der durch früheste Prägungen entscheidende Gefühle, Verletzungen, Verhaltensmuster und Wertvorstellungen aufnimmt. Das Innere Kind nimmt eine Schlüsselfigur unserer Gefühlswelt ein. Es beeinflusst den Umgang mit ungelösten und oft unlösbar scheinenden Lebensproblemen. Es beeinflusst maßgeblich unseren Alltag, unsere Gefühle und unser (Un-) Wohlsein mehr oder weniger stark.
Die Schönheit der Natur erkennen, den Spaß am Spiel haben, sich an Kleinigkeiten erfreuen können, ohne Grund lachen zu können und vieles mehr sind typische Aspekte/Fähigkeiten des Inneren Kindes.
Das Annehmen des Inneren Kindes, seine Integration und das Umsorgen sind maßgebend dafür, ob wir risikofreudig oder eher passiv sind, ob wir zu verletzbaren oder robusten, liebesfähigen oder kargen, gefühlsarmen, einsamen und emotionslosen Menschen werden.
In den von mir gelesenen Werken, die die Arbeit mit dem Inneren Kind beschreiben, erfährt man viel über das theoretische Vorhandensein eines Teils unserer Psyche, dem Inneren Kind. Es drückt meist nicht das aus, was ich, beziehungsweise viele Klienten, bei der Integration des Inneren Kindes erleben durften.
Ausnahmslos berichten alle Klienten, dass sie diesen Anteil unseres Selbstes erleben, spüren und – wenn Klienten visualisieren können – auch sehen. Dann beschreiben sie, wie das Innere Kind aussieht. Eine typische Beschreibung ist die folgende:

„Ich schaue in einen Raum und sehe in einer Ecke ein kleines zusammengekauertes Mädchen sitzen. Sie ist dünn, blass und macht einen sehr traurigen Eindruck. Auf mein Fragen hin berichtet sie mir, dass sie so alleine ist, niemand kümmert sich um sie. Mit niemand meint sie in erster Linie mich, denn sie sagt, sie sei doch immer bei mir. Mich überrascht das sehr, denn ich habe das ja nicht gewusst. Nun erfahre ich mehr von ihr: Sie freut sich, wenn wir spielen, wenn wir uns freuen, Partys feiern oder es uns einfach nur gut gehen lassen. Sie mag Eis und Süßigkeiten. Besonders freut sie sich, wenn ich ihr Aufmerksamkeit schenke. Sie berichtet weiter, dass sie sehr darunter gelitten hat, wenn mit Strafe gedroht oder sogar Schläge ausgeteilt wurden. Vieles mehr kann sie mir zu ihren körperlichen und seelischen Verletzungen berichten."

Nahezu jeder Mensch hat im Erfahrungsschatz des Inneren Kindes solche und ähnliche, zum Teil auch sehr gravierende Verletzungen wie Misshandlungen, Missbrauch, Traumata und Dramen abgespeichert. Es ist für den Therapeuten und den Klienten eine anspruchsvolle Aufgabe, diese Erfahrungen nun zu betrachten und in einen geheilten Zustand zu bringen. In der Tiefenentspannung einer Sitzung bin ich selbst immer wieder überrascht (die Klienten übrigens auch), dass auf meine Frage: „Wer kann etwas an diesen Verletzungen verändern, wer kann dir, Inneres Kind, helfen?", die Antwort folgt: „Nur du". Damit ist natürlich der Klient gemeint. Mancher Klient hat sich umgedreht und fragt völlig konsterniert: „Wieso ich? Das hat mir doch mein Vater angetan". Im Nachgespräch wird dann oft deutlich, dass das Innere Kind dem Klienten Folgendes schnell klargemacht hat: Niemand trägt Schuld, an dem was wir erleben, erleiden, erdulden mussten. Alles sind „nur" Erfahrungen! Ich Bin und jede Erfahrung Ist.

So schwierig es zu akzeptieren ist, doch auch hierbei folgt stets die Äußerung: „Du hast es dir selbst ausgesucht". Selbstverständlich hat der Klient das Recht, wahrscheinlich sogar die Pflicht, mit dem Verursacher zu sprechen, soweit dies möglich ist. Dabei kann er ihm seine Geschichte, seine Verletzungen, seine Erfahrungen und die damit verbundenen Gefühle und Folgen mitteilen.

Es geht hier nicht um Schuldzuweisungen. Jeder der Beteiligten hat seine persönliche Sicht der Dinge, seine Geschichte.

Jeder ist geprägt durch die eigenen Erfahrungen, die Erfahrungen der Generationen und Ahnen. Bei genauer Betrachtung erkennt man häufig, dass sich dasselbe Thema in ähnlicher Form über die Generationen wiederholt, immer wieder. Es ist eine Energie, die weitergegeben wird. Der Schlüssel dazu ist das Erkennen, das Verstehen und dann die Vergebung, das Verzeihen (dazu später mehr). Dabei fällt oft eine riesige Last ab, selbst bei schwerwiegendsten Verletzungen.

Diese Arbeit ist mit das wichtigste was wir tun können/müssen, um uns auf den Weg der Heilung zu begeben.

Nun kann ein weiterer wichtiger Schritt folgen. Ich bitte das Innere Kind, den Platz bei dem Klienten einzunehmen, den es gerne als sein zu Hause einnehmen möchte. Dabei erleben nahezu alle Klienten eine der außergewöhnlichsten Erfahrungen ihres Lebens. Das Innere Kind zieht in den Teil des Körpers (meist der Brustbereich), den es bevorzugt. Dies hat oft einen erheblichen Raumforderungsprozess zur Folge, der zum Teil regelrecht den Atem nimmt. Begleitet wird diese körperlich deutlich wahrnehmbare Empfindung von intensiven Emotionen, viele sind zu Tränen gerührt.

Alle Klienten erhalten den Auftrag, sich nun intensiver mit dem Inneren Kind zu befassen, wissen dies aber auch aufgrund der Hinweise ihres inneren Anteils.

Alle Dinge haben im Rücken das Weibliche
und vor sich das Männliche.
Wenn Männliches und Weibliches sich verbinden,
erlangen alle Dinge Einklang.

(Laotse)

Innerer Mann, Innere Frau, „Die Innere Familie"

Mit einigem Erstaunen sehen die meisten Menschen in einer Sitzung zum ersten Mal ihr Inneres Kind, ihre Innere Frau, ihren Inneren Mann. Es ist oft ein tiefes und ergreifendes Erlebnis, die Innere Familie ohne alle Masken zu sehen. Durch diese Erfahrung wachsen Verständnis, Mitgefühl und der liebevolle Umgang mit diesen archaischen inneren Größen, aber auch mit uns selbst und unserer Umwelt.

Klienten (auch ich selbst) erleben diese Anteile unseres Selbstes sehr oft mit vielen Eigenschaften, die wir bei Mutter und Vater festgestellt haben, die wir erlebt haben. Meist ist es so, dass einer der beiden (Innerer Mann oder Innere Frau) der Stärkere ist und der andere sich unterordnet. Hier werden dann oft ähnliche Dinge erlebt wie im echten Leben, der eine zieht sich zurück, leidet, fühlt sich missverstanden, ist traurig und resigniert, während der andere der Tonangebende ist.

Diese inneren Anteile spiegeln unsere sogenannten männlichen und weiblichen Anteile, „Animus und Anima" wider. In meiner Arbeit stellte ich in den letzten Jahren fest, dass durch die Erfahrungen mit den männlichen Energien (wie Machtmissbrauch, sexueller Missbrauch, Unterdrückung, etc.) in früheren Inkarnationen die weiblichen Anteile im Heute sehr häufig voller Verletzungen sind. Selbstverständlich gilt dies auch für die männlichen Energien. Zurückgewiesen, abgelehnt, nicht beachtet werden hinterlassen bei den männlichen Anteilen Spuren.

Das Ungleichgewicht an männlichen und weiblichen Energien, das gestörte Verhältnis im Mann- oder Frausein, die vielfachen Verletzungen vergangener Leben und aktueller Beziehungen machen es nicht einfacher im Hier und Heute, im „echten Leben", oder auch in einer Beziehung, der zu sein, der man nun einmal ist.

Befragt man auf der Straße hundert Menschen, ob sie sich als Mann oder Frau fühlen, in der Rolle die sie aufgrund ihres Geschlechtes haben, werden fast alle dies bejahen. Der Grund liegt darin, dass wir uns kaum mit unserem Mann-/Frausein auseinandersetzen.

Der Zwilling kitzelt jede unserer männlichen oder weiblichen Energien aus uns heraus. Wir fühlen Dinge, von denen wir nicht geahnt hatten, dass sie existieren. Wir entdecken Verletzungen in der Tiefe, die wir niemals für möglich hielten.

Etliche meiner (Zwillingsseelen-)Klienten hatten jahrzehntelang keine Ahnung von ihren sexuellen Missbrauchsthemen. Doch der Zwilling hatte sie sofort aufgedeckt. Da er/sie uns den blanken Blick auf unsere Seele ermöglicht, nein, erzwingt, bleibt kaum etwas verborgen. Wie in der „Theorie" der Polarität beschrieben, benötigen wir immer ein gesundes Verhältnis zwischen Licht und Dunkel, Liebe und Angst und so auch bei den inneren Anteilen, hier der Inneren Frau und dem Inneren Mann. Ist der Innere Mann sehr schwach, beispielsweise weil wir als Kind einen sehr schwachen oder abwesenden Vater erlebt haben, sind unsere männlichen Anteile wie Kraft, Macht, Organisationstalent und so weiter meist ebenso schwach. Wir trauen uns dann nicht das zu, wozu wir in der Lage sind, wenn alle Anteile ausgewogen wären. Ist die Innere Frau schwach, werden typisch weibliche Aspekte wie Gefühl und Emotion, Geschick, Kreativität weniger gut ausgeprägt sein. Besucht man nun, beispielsweise in einer meditativen Übung, den Inneren Mann und die Innere Frau, erlebt man häufig Bilder und Geschehen wie bereits beim Inneren Kind beschrieben. Die beiden zeigen auch als Personen die zuvor beschriebenen Eigenschaften. Oft ist die Unterwürfigkeit untermalt mit einer kleinen gebeugten, schmächtigen Gestalt. Oft finden offene Konfrontationen statt, die beiden streiten sich, es kommt zu Auseinandersetzungen, in denen nun Klient und Therapeut vermittelnd eingreifen können. Nachdem in solchen Situationen Unklarheiten beseitigt sind, ist es dann meist möglich, dass sich der schwache Anteil entwickelt und der starke sich zurücknimmt. Der Therapeut fördert den Austausch der inneren Anteile, klärt, warum es Differenzen, Verletzungen und Missverständnisse gibt und führt Klärungen beziehungsweise Vergebungsrituale durch.

Eine sicher weniger bekannte therapeutische Maßnahme ist die kosmische Hochzeit. Hier werden alle drei Anteile der Inneren Familie zu einem Entspannungsort, beispielsweise einer Wiese, geführt. Sie stellen sich im Kreis auf und vereinigen sich nun in einem Zeremoniell, der kosmischen Hochzeit. Anschließend werden sie aufgefordert, den

Platz im Energiekörper des Klienten aufzusuchen, den sie einnehmen möchten. Auch diese Situation, diese Erfahrung, wird meist sehr emotional empfunden und beeindruckt viele Klienten sehr. Alle beschreiben dies anschließend als ein Vervollständigen, wie: „Endlich fühle ich mich wieder vollwertig!"

Angst ist nur ein Gedanke.
Gäbe es etwas neben dem Selbst, dann bestünde Grund zur Angst. Wer sieht die Dinge getrennt vom Selbst?
Zuerst entsteht das Ego und sieht Objekte als etwas Äußerliches an. Wenn kein Ego entsteht, existiert nur das Selbst, und es gibt nichts Äußeres.
Damit es etwas außerhalb von uns geben kann, muss es den Sehenden im Inneren geben. Suchen wir jenen dort, verschwinden Zweifel und Angst.
Nicht nur die Angst verschwindet dann, sondern alle andern Gedanken, die sich um das Ego drehen, verschwinden mit ihr.

(Ramana Maharishi)

Dein Ego

Definitionen und Theorien zum Ego kann man z.B. bei Wikipedia und bei großen Psychoanalytikern wie Freud, Adler und Jung nachlesen. Betrachten sie Nachfolgendes als meine freie Interpretation:
Das Ego ist meines Erachtens nach nicht gleichzusetzen mit dem Begriff ‚Ich', sondern es ist ein Teil unseres Ichs.
Ganz sicher ist es der Teil, der mir über viele Jahre meines Lebens hilft, wahrzunehmen, wer Ich bin. Doch ist aus spiritueller und esoterischer Sicht das Ego nicht gleichzusetzen mit dem Ich.
Der spirituelle Mensch sagt vielmehr: „Ich bin meine Seele!"
Wenn also im Umkehrschluss meine Seele Ich bin, wer ist dann der Rest, der Rest (Freud kennt Überich, Ich, Es, etc.) wie der weibliche und männliche Anteil, das Innere Kind, das Höhere Selbst und so weiter – wer oder was ist das?
Ich beginne mit dem Analysieren des Egos- wer ist ‚Es'?
Das Ego ist der Teil, der sich all der Dinge bedient, die ‚Es' gerade braucht. Und ich benenne das Ego absichtlich als Es... nachfolgend wird vielleicht klar warum. Warum bedient sich das Ego so vieler Aspekte des Lebens?
Es macht dies, um sich darzustellen, sich zu schützen, das darzustellen, was dem eigenen Bild entspricht, wie beispielsweise Mann oder Frau sein, machtvoll oder schön sein, kraftvoll oder graziös und so weiter. Doch schaltet es alles aus, was seine Wahrnehmung stören könnte, beziehungsweise das Ich gefährden könnte:
So schaltet Es/Ego beispielsweise Gefühle, Emotionen und alles andere aus, wenn die Gefahr besteht, dass diese Dinge mein Leben, mein Wertesystem, etc. stören könnten. Vor allem die Liebe aus dem Herzen wird blockiert.
Ebenso schaltet es die Bedingungslosigkeit aus. Denn die existiert für das Ego nicht, denn Es bewertet, und in der Bewertung liegt keine Bedingungslosigkeit. Geführt von unserem Ego halten wir es nicht für möglich, dass irgendetwas ohne Bedingung getan wird.
Ein Beispiel:
Ein Mensch mit einem ausgeprägten Ego nimmt wahr, dass er groß,

schön, athletisch, einfach cool ist. Nun begegnet ihm eine Vorgesetzte, die jung, hübsch und blond ist. In seinen Augen ist sie eher Beute als eine Vorgesetzte. Was tun? Er zeigt, wer er ist, der coole Macho, und gerät dabei unter Umständen in die Falle. Es wird ihm deutlich gemacht, wo seine Grenzen sind. Ärger, Wut, Enttäuschung und viele andere höchst emotionale Dinge (in Jungs Sprache „Schatten") bringen nun Bewegung in die Sache. Das Ego wird nun versuchen, Gegenmaßnahmen wie Ignoranz, Verleumdung, Charme, u.v.m. einzusetzen, um die eigenen Attribute nicht infrage zu stellen.

Ein sicher übertriebenes Beispiel (was zweifelsohne oft vorkommt), aber auch in weniger drastischer Weise ist es sicher jedem bekannt.

Warum ist dies so? Warum will das Ego genau dieses Bild aufrechterhalten. Die umfassende Erklärung würde hier zu weitgehen, doch seien hier ein paar Gründe genannt:

- Das Vater- oder Mutterbild. - Sehr oft übernehmen wir das an Konzepten, was unsere Erzieher uns vorgelebt haben. Es sind unsere Vorbilder, also muss das alles gut sein.
- Männliche und weibliche Energien. - Das Bild, was wir selbst vom anderen Geschlecht haben, beeinflusst natürlich unser Ego und umgekehrt. Das Ego will sich und sein Bild des Ichs behaupten (siehe Beispiel Blondine).
- Die sogenannten Archetypen/Urbilder (Göttin, große Mutter, Kind, der Krieger, der Wanderer, der Beschützer, der Heilsbringer, etc.) sind laut Psychologie und Psychoanalytik von unserer Entstehung her angelegt. Diese, nennen wir sie Urinstinkte, beeinflussen uns.
- Das Innere Kind, stark oder verletzt, alles was wir in der Kindheit (jetzt und in früheren Inkarnationen) gesammelt haben, beeinflusst uns sehr.

Diese Einflussfaktoren bestehen, und dessen ist Es sich bewusst. Der Macho hat sich hervorragend entwickelt, er strotzt vor Selbstvertrauen, und nun kommt diese „blonde Zicke" und will ihm sagen, was er zu tun hat. Und plötzlich kramt seine Erinnerung das Bild einer Lehrerin seiner Schulzeit hervor, blond, zickig. Er hatte einen Streich gespielt und musste zur Strafe den Raum verlassen. Da ist sie wieder, es droht Gefahr („Es"). Schütze dich, schreit es geradezu in ihm.

Wessen bedient Es sich? Was setzt Es ein? Es bedient sich:
- Der Gestalt, des Körpers
- Der inneren Anteile – hier der weiblichen, der männlichen
- Der Bewertung
- Der Urängste und Ängste
- Der Isolation
- Der Trennung
- Der Darstellung und Präsentation
- Der Energie
- Des Bemitleidens und Jammerns

Wann setzt das Ego dies ein? Wann wird es aktiv?
Dann wenn das eigene „Ich-Bild", das aus einem Konstrukt oder einem Konzept aus Bewertungen besteht, gefährdet ist:
- Bei Einflüssen von Außen
- Bei neuen Konzepten
- Bei Resonanzen

Ich dachte früher, dass das Ego eine Erfindung der Theoretiker ist. In vielen Sitzungen erlebte ich dann Erstaunliches!
Ähnlich wie die inneren Anteile Kind, Frau und Mann ist auch das Ego oft als eine deutliche Energie wahrnehmbar. Visualisierungsfähige Klienten sehen dann oft ein personifiziertes Ego. Einen schwachen Mann, einen Kraftprotz, eine schwächliche Frau, ein Monster...
Selten ist das Ego kommunikativ. Es wehrt sich gegen jegliche Versuche, Genaueres über Es zu erfahren, frei nach dem Motto: „Das geht euch nichts an."
Doch meist entdeckt man hinter einer rauen Schale etwas völlig anderes. Das Ego zeigt plötzlich, dass es ebenfalls durch Prägungen der Vergangenheit davon ausging, das Ich schützen zu müssen. Wie im Beispiel mit der Blondine hat Es/Ego erlebt, dass das Ich angreifbar, verletzbar ist. Und diese Erkenntnisse, diese Erfahrungen, sind sozusagen Handlungsvollmacht. Das Ego sieht es als seine Pflicht, das Ich zu schützen. So wird versucht, jede Situation so zu gestalten, dass Verletzungen und Ängste vermieden werden, die Rollen gestärkt werden, Schatten verschlossen

bleiben, Masken aktiv sind und so weiter.

Unser Ego wird genährt durch unseren Verstand, der immer neues Futter, neue Argumente bietet und damit belegt, wie böse die Welt ist. So wächst und wächst Es. Unentdeckt entwickeln sich wahre Energiemonster, die erst infrage gestellt werden, wenn sich besondere Dinge ereignen.

Und ein solches Ereignis ist die Begegnung mit dem Zwilling. Er deckt die Masse an Illusionen des Egos gnadenlos auf. Der Zwilling kennt mich ja, tickt ja genauso. Manche Egos sind nur durch den Zwilling zu knacken. In der Rückführungstherapie ist es eine besonders anspruchsvolle Arbeit, das Ego dazu zu bewegen, aus seiner Deckung herauszukommen, sich in die anderen inneren Anteile einzureihen und sich letztlich integrieren zu lassen. Etliche Klienten hatten erkannt, dass ihre Egos die Entwicklung hemmten. „Bitte helfen sie mir, mein Ego aufzulösen!", hörte ich mehrfach. Eine Klientin teilte mit: „Ich habe mein Ego in Urlaub geschickt und seither ist es so schön, ich kann endlich frei leben, entscheiden, fühlen..." Ich musste darüber lachen, doch zeigte mir genau diese Idee, dass es mit der Zerstörung des Egos nicht getan ist.

Das Ego darf nicht bekämpft werden, es muss angenommen, anerkannt, geheilt und letztlich integriert werden. Es gehört zu uns, auch wenn der Mensch vielleicht die einzige Lebensform ist, die diesen Anteil mit sich trägt.

Das Ego darf nicht isoliert betrachtet werden. Schatten, Rollen und Masken, Mann, Frau, Kind und alle anderen Aspekte stehen in Wechselwirkung miteinander. Nur eines zu betrachten, führt zu neuem Ungleichgewicht. Getreu der Aussagen zum Resonanzgesetz müssen wir das betrachten, was sich uns im jetzigen Moment vorstellt.

Das liebevolle Betrachten und Annehmen, das Heilen und Integrieren führt dann zu immer größerer Ausgeglichenheit und letztlich zum Zustand des EinsSein.

Was du liebst; lass frei.
Kommt es zurück gehört es dir - für immer.

(Konfuzius - 500 v.Chr.)

Eine deiner schwersten Aufgaben: Das Loslassen

Eines haben alle unsere „Themen" gemeinsam. Der Ausspruch: „Ich hatte plötzlich die Erleuchtung", drückt es letztlich aus.
Wir wissen alles, unsere Seele ist unser riesiger Informationsspeicher. Je weiter wir uns entwickeln, je weiter wir uns öffnen und je mehr wir bereit sind, unser Bewusstsein voranzubringen, desto besser erinnern wir uns. Dies muss nicht in einer Rückführung sein, viele Menschen gelangen auch durch das offene Betrachten ihres täglichen Lebens zu den Erkenntnissen, die sie zur Weiterentwicklung benötigen.
Für einige Menschen ist es schwierig, sich mit der Existenz der geistigen Welt – egal wie diese nun aussehen mag – anzufreunden. Es ist aus meiner Sicht nicht zwingend erforderlich, dies zu tun, um sich auf den Weg der Bewusstseinsveränderung zu begeben. Auch hier gilt: „Was sich ergeben soll, ergibt sich sowieso!"
Von den „kosmischen Gesetzen" kennen wir die Aussage: „Wie oben, so unten und wie innen, so außen!" Übertragen auf unser Wissen heißt dies, dass alles, was sich in der Außenwelt an Weisheit und Erkenntnis befindet, auch in unserem Inneren abgespeichert ist. In den Rückführungen erlebe ich die Nachweise dafür oft auf beeindruckende Weise. Die Klienten sind nach einer Sitzung oftmals völlig überrascht, dass sie Dinge Erlebnisse, Informationen, Kenntnisse geäußert haben, die sie in diesem Leben nicht erfahren/erworben haben. Auch in der Quantenphysik beschreibt man das Zusammenhängen von allen Dingen, die existieren, und dass das entstehende Wissen gleichzeitig im Gesamtbewusstsein landet. Der britische Wissenschaftler Sheldrake hat dazu vor vielen Jahren bereits interessante Dinge herausgefunden und beschrieben (s.u.).
Es ist grundsätzlich wichtig, im Hier und Heute zu leben, und das ohne Wenn und Aber. Doch gelangen wir im Leben immer wieder an Punkte, wo das Leben stockt, Punkte, an denen wir spüren, dass es etwas gibt, das uns blockiert. In diesen Phasen ist es wichtig, mit einem geeigneten Instrument den Schlüssel für den nächsten Abschnitt zu entdecken. Wir erfahren ja sowieso nichts Neues, nein, unsere Seele weiß „es" ja.

So war eine Kernaussage in der Sitzung einer bereits sehr bewussten

Klientin: „Deine Seele weiß dies alles, es geht nur um das Erinnern. Erinnere dich und du hast alles, was du brauchst. Sobald die Erinnerung da ist, sind alle Fähigkeiten vorhanden."

Bei eben dieser Klientin ging es in ihrem aktuellen Lebensabschnitt um das „Gängeln" durch ihr Umfeld. Ständig gab es jemanden, der ihr auf die Pelle rückte, immer stahl man ihr Zeit und die freie Entfaltung. In verschiedenen Situationen ihrer Vergangenheit, aber auch im Hier und Heute, wurde ihr nun gezeigt, dass es genau das ist, was sie selbst bei Menschen ihres Umfeldes macht. Bemuttern, kontrollieren und einschränken gehören zu dem, was sie mehr oder weniger unbewusst immer wieder versucht. So erlebt sie nun die dringliche Aufgabenstellung:

„Bei dir sind Aspekte des Loslassens und der Kontrolle sehr deutlich aktiv, es ist Zeit, alles hinter dir zu lassen, lass es los!"

Sie selbst weiß, dass sie sich weiterentwickeln wird, ja, will und muss. Deutlich wird aber auch, dass sie dies erst tun kann, wenn sie den Kontrollzwang über andere losgelassen hat und wenn sie andere Menschen im allgemeinen Sinne losgelassen hat. Alles in allem liest sich das einfach, ist jedoch ganz sicher eine der schwierigsten Übungen im Leben des Menschen.

Jemanden loslassen können, gelingt uns nicht auf Knopfdruck. Dies wird dann offensichtlich, wenn ein geliebter Mensch uns aus einer Beziehung verlässt, wenn ein geliebtes Kind das Haus verlässt oder ein uns vertrauter Mensch stirbt.

Eine Kollegin hatte dazu folgende Aussage parat: „Loslassen bedeutet auch sein lassen". Dies kann man mehrfach deuten. Zum einen kann ich es einfach sein lassen, mich um den Umstand des Verlustes zu kümmern, ich hake es ab. Zum anderen kann es auch heißen, dass ich den anderen sein lassen kann, ich akzeptiere seine Entscheidung genauso, wie er sie getroffen hat, ohne Wenn und Aber. Eine weitere Auslegung ist, dass ich das Leben, die Situation, so annehmen kann, wie es ist, es fließt so wie es fließen muss und entwickelt sich so wie es im Großen und Ganzen richtig ist. Dies ist das Akzeptieren des Seins.

Aus einigen Erfahrungen der letzten Jahre weiß ich, dass eben das wahnsinnig schwierig ist. Da wir uns jedoch nach der Entscheidung, als Menschen zu inkarnieren, mit eben diesem Leben auseinandersetzen

dürfen, sollten wir uns mit spielerischer Freude und Leichtigkeit den vielfältigen Situationen und Aufgaben stellen.
Stimmt... das ist manchmal verdammt schwer!
Mag sein, dass wir damit beginnen, uns zu bedauern und in möglichen Aggressionen und Unzufriedenheiten sowie in Resignation zu schwelgen. Alle sind schuld an diesem, unserem Verlust.
Gelingt es uns, diese (oft sehr intensive und lange) Phase zu überstehen, erreichen wir möglicherweise die Phase der Sinnsuche. Warum geschieht das denn nun ausgerechnet uns? Auch bewusste Menschen benötigen oft etwas Zeit, um zu erkennen, dass wir nur das erleben, (siehe Resonanzgesetz) was wir in genau dieser Lebensphase zur Weiterentwicklung benötigen.
In einer Erfahrung, wie der Begegnung mit einer sehr nahen Seele, erlebt ein Mensch beispielsweise eine bis dahin nicht erlebte intensive und tiefe Liebe. Und das nur, weil er sich – ohne es zu ahnen – vorgenommen hat, das Thema Loslassen endlich zu verstehen und in Klarheit abzuhaken. Folglich wird er diesen Menschen schneller verlieren als ihm lieb ist. Und weil Entwicklung im spirituellen Sinne meist nicht anders möglich ist, lässt sich in dieser Lebensphase auch an der Loslass-Erfahrung nichts verändern!
Ich erinnere mich an einen Klienten, der sich als Mann in sehr einfachen Lebensverhältnissen im Amerika des 18. Jahrhunderts erlebte. Eine sehr glückliche Lebensphase endete mit dem tragischen Tod seiner geliebten Frau. Lange lebte er in Trauer, Schmerz und war Gott böse, dass er ihm sein Liebstes genommen hatte. Vor seinem eigenen Sterben sagte er jedoch: „Ich habe verstanden, dass es so viele wundervolle Dinge gibt, die glücklich machen können. Ich erinnere mich gerne an die wunderschöne Zeit mit meiner Frau, doch folgten auch später viele erfüllende Erfahrungen in der Einsamkeit und der Natur..." In solchen Phasen klammern und greifen wir was das Zeug hält. Der Partner wird überschüttet mit Freundlichkeiten oder Vorwürfen, der Sterbende wird gehalten, um bloß nicht allein zu sein, das Kind überzeugt, dass es nirgendwo so sicher ist wie bei der Mutter.
Warum tun wir das?
Nur für unser Ego. Nur für uns klammern wir, nicht für den, der uns ver-

lässt. Es heißt: „Wer bedingungslos liebt, der kann loslassen!" Letztlich habe ich sowieso keinen Einfluss darauf, die Situation zu verändern, alles was ich an „Klammerenergie" freisetze, wird dazu führen, dass ich den anderen noch weiter wegstoße. Gleichzeitig verletze ich mich noch mehr und blockiere den natürlichen Energiefluss. All diese Erkenntnisse, sowohl aus Betrachten früherer Leben wie auch des Hier und Heute, zeigen viele Klienten in ihren Sitzungen.

Sogyal Rinpoche beschreibt dies im Tibetischen Buch vom Leben und Sterben so: „Das größte Leid, das sich die Menschen zufügen, ist, zu klammern und zu greifen."

Jegliches Gelübde, jeglicher Vertrag hindert uns daran eine freie Beziehung zu leben. Sobald wir beginnen zu klammern und zu greifen, hemmen wir unsere Entwicklung ebenso wie die des anderen. Dies ist nicht als Aufruf der freien Beziehung auf allen Ebenen und als Aufruf zum Seitensprung zu verstehen. Nein, es ist der Aufruf, den anderen grenzenlos, bedingungslos als eigenständiges Individuum zu achten.

Doch wie geht das?

Ehrlich gesagt, kann ich es nicht in Gänze beantworten. Aus meiner Arbeit und den persönlichen Erfahrungen kann ich einige Ratschläge geben, dennoch ist es sehr schwierig, hier eine allumfassende Vorgehensregel zum Loslassen zu geben.

Wie beschrieben ist es zuerst einmal wichtig, den anderen voll und ganz als eigenständiges Individuum zu beachten. Und auch die Zwillingsseele ist ein eigenständiges Individuum!

Genauso wichtig ist es, dass ich es schaffe, mich als ebensolches zu achten. Ich muss es lernen, mich so zu lieben wie den anderen und umgekehrt.

Bedingungslos muss die Liebe sein.

Letztlich ist es so, dass wir einen Bewusstseinsaufstieg und das Beenden der Kette von Ursache und Wirkung und der Kette der Dualität dann erreichen, wenn wir alles loslassen können. Auch Hoffnungen und Erwartungen blockieren uns, ebenso wie Kontrolle und nicht loslassen können. Je mehr wir diese Dinge freigeben, abstreifen, wie ein altes Kleid, desto mehr erinnern wir uns an unser Seelenwissen.

Je mehr wir in dieses Wissen kommen, desto mehr können wir hinter uns lassen, die Dinge werden uns folglich klarer.
So ist das Thema Loslassen ein Thema, dass Zwillingsseelen immer einfängt. Zusammenkommen, lieben, loslassen, ein immer wiederkehrender Prozess, „bis man es kapiert hat".

Übung mit der goldenen Acht

Beziehungen mit anderen Menschen können sehr beglückend in unserem Leben sein. Doch oft ist das nicht der Fall, und wir machen uns gegenseitig das Leben schwer. Das ist manchmal ganz unnötig und wir wissen oft nicht welche Gründe es für die Probleme im gemeinsamen Dasein gibt. So ist es heilsam, an den wichtigsten Verbindungen zu arbeiten. Vor allem aber an Verbindungen zu den Menschen, mit denen wir Probleme haben. Das können neben den Lebenspartnern und Familienmitgliedern, Ex-Partner, Freunde, Verwandte, Arbeitskollegen, Chefs, Mitschüler, Nachbarn oder Haustiere sein. Wenn wir stabile und gesunde Beziehungen führen, geht es uns nicht nur besser, wir haben auch mehr Energie und Zeit für uns und andere Dinge.
Haben wir im Umgang mit Menschen allgemein Schwierigkeiten, dann müssen wir an uns selbst arbeiten, wie Blockaden lösen, Verzeihung und Vergebung üben, Seelenanteile zurückholen oder an die Aufarbeitung vergangener Leben gehen.
Eine recht bekannte Methode, die in der Energiearbeit oft angewandt wird, ist die Arbeit mit der Acht, bzw. der goldenen Acht.
Die Acht ist eine energetische Trennung, die man mit allen machen kann, mit denen es Probleme gibt, also auch mit Verstorbenen und Ahnen sowie Tieren.
Energetische Trennung nicht deshalb, weil dadurch die Beziehungen aufgelöst werden und die Menschen sich voneinander trennen, sondern weil die energetischen Verstrickungen entfernt werden. Wir können die Menschen so nehmen, wie sie sind, und wir fühlen uns nicht mehr durch ihre Art angegriffen oder verletzt.
Die Acht dient dazu, dass jeder mit seinen eigenen Baustellen zu tun hat, aber nicht mehr mit denen der anderen.

Übung:

Du begibst dich in einer ruhigen Atmosphäre (Raum, Musik, Kerze, etc.) in eine Position, in der du dir vorstellen kannst, dass auf dem Boden eine große (goldene) Acht liegt. du bittest nun nach einem Moment des Sammelns, vielleicht am besten mit geschlossenen Augen, in deinen Gedanken und mit ganz klarer Absicht den Menschen (das Tier) in eine Schleife der Acht. Er wird kommen! Wenn du gut visualisieren kannst, siehst du ihn, ansonsten weißt du, dass er da ist. Dann gehst du selbst in die zweite Schleife der Acht. Nun gibst du das Signal, dass durch die Schleifen der Acht ein kraftvolles goldenes Licht fließt. Wenn du eine Nähe zu einem Helfer, einem Engel, einem Meister, einem Krafttier hast, kannst du diesen einladen, dich zu unterstützen und das Licht intensiv fließen zu lassen.

Du forderst dein Gegenüber auf, dir alle Energien zurückzugeben, die deine sind und gibst ihm im Gegenzug seine Energien zurück. Gegebenenfalls kannst du dies symbolisch mit Überreichen von Geschenken oder Taschen machen. Die Energien werden nun ausgetauscht während das goldene Licht fließt. Nun bittest du deine Seele und dein Höheres Selbst (wenn es für dich in Ordnung ist, auch den Erzengel Michael) alle energetischen Verbindungen, die von dir zum Gegenüber ziehen, augenblicklich zu lösen. Oft nimmt man dabei kettenähnliche Verbindungen, Seile, Gummibänder und ähnliches wahr. Deine klare Absicht reicht aus, um alle, oder zumindest viele, dieser Verbindungen zu kappen und zu neutralisieren.

Dann bittest du darum, dass die Acht in der Verbindung der beiden Schleifen getrennt wird. Du verlässt deine Schleife, bedankst dich bei deinem Gegenüber für sein Mitwirken und verabschiedest ihn. Bedanke dich bei allen Helfern, die du eingeladen hattest.

Sehr oft spürt der Anwender, dass eine große Last abfällt und alle alten Dinge untereinander gelöst sind.
Du kannst diese Methode bei allen Menschen anwenden, um Energien zu lösen, unter Umständen solltest du sie bei einigen Personen mehrfach durchführen.

Solltest du eine Besserung wahrnehmen aber spüren, dass noch Dinge bestehen, die du nicht lösen kannst, suche einen erfahrenen Therapeuten, Schamanen, Heiler oder mit dieser Methode vertrauten Psychologen auf.
Es gibt noch eine vereinfachte Methode, die du vor allem bei Personen anwendest, die dich ständig „ankeksen". Hier reicht es, wenn du diese bei einem Zusammentreffen in deinen Gedanken in eine Schleife der Acht setzt, während du in der anderen bist. Gleichzeitig bestimmst du mit deiner Absicht, dass sie keinen Zugriff auf dich hat und mit all ihren Energien in ihrer Schleife bleiben muss. Das wirkt oft Wunder! Dein Gegenüber merkt zum Teil, dass es nicht an dich herankommt, zumindest im Unterbewussten. Bei jedem weiteren Zusammentreffen kannst du dies wiederholen.
Irgendwann musst du dich jedoch der Ursache stellen und Grundsätzliches klären und lösen.

„Ich bedaure nicht, hier zur Welt gekommen zu sein und einen Teil meines Lebens hier gelebt zu haben, weil ich mein Leben so geführt habe, dass es nützlich war, wie ich meine.
Und kommt das Ende, gehe ich ebenso aus dem Leben wie aus einer Herberge und nicht aus meinem zu Hause, weil ich glaube, dass mein Aufenthalt in diesem Leben vorübergehend und der Tod nur ein Übergang in einen anderen Zustand ist."

(Leo Tolstoi)

Deine Freiheit/Unfreiheit

Nach ein paar Wochen in der Zwillingsseelenbeziehung hatte ich alles – sogar schriftlich – formuliert, was ich nie wieder wollte. Ich wollte nicht mehr unfrei sein, nichts sollte mich mehr eingrenzen und fremdbestimmen. Keine Dogmen sollten meine Emotionen eingrenzen und hinter Mauern verstecken, niemals wieder wollte ich die Gefühle verbergen müssen. Ich wollte nur noch das tun, was ich wirklich will, was mir Freude bereitet, was mir Lust und Laune macht. Ich wollte frei sein, da Freiheit ein Grundanspruch jeder Seele ist.
Und dieses Leben konnte ich in diesen Wochen führen, klar, glücklich, froh, frei. Das Ego war nicht mehr zugegen, nichts schrie angstvoll, was alles Schlimmes passieren könne. Und dieser Zustand dauerte etliche Wochen, jegliche Mauer, jegliche Fessel war abgelegt, einfach weg.
Und so war mir bewusst: Das Klammern und Festhalten, egal ob bewusst oder unbewusst, dass wollte ich nie wieder. Doch plötzlich, als sei das Ego aus seinem Urlaub zurückgekehrt, rutschte ich von einer Unfreiheit in die nächste. Ich hatte Angst, sie zu verlieren, klammerte unbewusst und unternahm einiges, um es anders verlaufen zu lassen. Ich machte Dinge, die überhaupt nicht das waren, was ich wollte.
„Ach, das spielt sich mit der Zeit ein", dachte ich. Aus neuer Freude am Leben wurde nun wieder ein neuer Käfig und das, ohne dass ich es wirklich bewusst wahrgenommen hätte. Dies galt nur für kurze Phasen in dieser Zeit, doch waren sie Ausdruck für kurzzeitige geblendete Wahrnehmungen.
Vielen Menschen unserer Zeit geht es so. Sie sind nicht wirklich frei, nicht wirklich „klar". Und es ist in Ordnung, wenn es den Menschen nicht belastet. Doch behaupte ich heute, dass keine Seele auf dem Weg der Bewusstwerdung Unfreiheit akzeptiert. Sie setzt sich zur Wehr.
Unruhezustände wie unruhige Beine und innere Unruhe, Herzbeschwerden, wie ein schweres Herz oder Herzrhythmusstörungen, Anspannungen der Muskel, Wirbelsäulenbeschwerden und vieles mehr folgen.
Du kannst sagen: „Das kenne ich nicht."
Wirklich?
Spüre alle Unfreiheiten auf – sie liegen übrigens nur in dir!

Niemand von Außen macht das! Deine Spiegel (Mitmenschen...) zeigen dir nur, dass du innerlich unfrei bist.
Zeit, Geld, Raum, Haus, Hof, Auto, Beruf , ... , alles könnten wir genießen. Doch wir machen es stattdessen zu dem, was wir brauchen. Wir glauben, nicht ohne die Dinge sein zu können, und schon sind wir gefangen. Die Menschen, die dann in unser Leben dringen und uns unfrei machen, zeigen uns letztlich nur unsere innere Unfreiheit.
Erkennen wir dies, können wir eine Unfreiheit nach der anderen loslassen. Was uns vorher belastet hatte, ist plötzlich Genussfaktor.
Ja, das geht.
Beginne freiwillig, eine Fessel nach der anderen zu lösen, sonst lösen sie Dich! Wenn du gefangen bist und du es nicht bemerkst, wird deine Seele Dinge an Dich heranziehen, die Dich so tief fallen lassen, dass du es begreifst.
Existentieller Verlust lässt manche Menschen so tief fallen, dass sie erst am Nullpunkt, lernen aufzustehen, zu leben, zu lieben und zu genießen.
Warte nicht so lange!

Vielmehr ist es diese unteilbare Gottheit, die in uns und in der Natur tätig ist, und wenn die äußere Welt unterginge, so wäre einer von uns fähig, sie wieder aufzubauen, denn Berg und Strom, Baum und Blatt, Wurzel und Blüte, alles Gebildete in der Natur liegt in uns vorgebildet, stammt aus der Seele, deren Wesen Ewigkeit ist, deren Wesen wir nicht kennen, das sich uns aber zumeist als Liebeskraft und Schöpferkraft zu fühlen gibt.

(Herrmann Hesse)

Die Helfer-, Täter-, Opfer-Rolle

Eines meiner zentralen Themen wurde irgendwann entlarvt: „Das Helfersyndrom". Dieses hatte über schätzungsweise 35 Jahre vieles in meinem Privat- und Berufsleben bestimmt. Statt offener Kommunikation, Aussprachen, Klärungen, Wachstum und Reife stand immer im Vordergrund, es allen recht zu machen. Doch auch nachdem ich dies in seiner gesamten Größe und den vielen verschiedenen Facetten erkannt hatte, fiel ich immer mal wieder darauf herein.
Das Helfersyndrom agiert so sehr im Unterbewussten, dass man es oft kaum erkennen kann. Den Helfer sollte man mit zwei anderen Rollenbildern zusammen betrachten:
Die des Helfers, die des Opfers und die des Täters. Die Täter-/Opfer-Rolle erklärt sich von selbst, karmische Verstrickungen gehen mit ihnen einher. Die Helferrolle im selben Zusammenhang zu betrachten, ist sehr interessant und meist ergiebig.
So stellt sich nur allzu oft die Frage: Was mache ich, wenn ich „blind" helfe? Ich mache es aus einem bestimmten Grund: „Sie/er braucht Hilfe – und Hilfe kann ich geben". Wir legen in unserem Vorhaben zu helfen los, wir helfen ohne letztlich zu wissen, ob unser Gegenüber das möchte.
In der hawaianischen Heilmethode Ho'oponopono heißt es:
„Warum habe ich diese Situation in mein Leben gerufen?" Es ist meine Situation.
Der, der in die Situation gerät, hat sie zu lösen, alleine oder indem er sich Hilfe einfordert. Der Beobachter hat zu respektieren, dass es die Situation des anderen ist.
In diesem Moment bin ich aufgefordert, zu beobachten, wie ich auf die Situation reagiere. Macht das Leid des anderen mich traurig, ärgerlich, nimmt es mich mit, tut es mir leid - leide ich mit? Dann ruft mich Ho'oponopono dazu auf, zu schauen, was mich leiden lässt. Was schmerzt, was macht mich wütend, ärgerlich?
Ja, es ist mein Thema!
Ich hasse zum Beispiel die Ungerechtigkeit, dass andere leiden müssen, dass sie betteln müssen, dass Streit wegen Vermögen ausgetragen

wird und so weiter.
Also führt mich dieses „Opfer" zu meinem Spiegel. Ich war mit Sicherheit in ähnlichen Situationen, habe dasselbe Thema und habe das noch nicht gelöst.
Ich bin aufgerufen, zu schauen, wie das Thema Ungerechtigkeit bei mir aussieht, wann genau tickt es mich an, mit wem erlebe ich es. Ich betrachte mir die Situationen, wo genau das Gefühl, das Bauchgrummeln, die Rückenschmerzen, etc. auftreten. Dann weiß ich, dass ich in diesen Momenten nicht das tue, was meine Seele benötigt, sondern, was möglicherweise mein Ego glaubt, was der andere braucht oder von mir erwartet wird.
Wahr ist, meine Seele kennt keine Ungerechtigkeit, keinen Schmerz, keine Verletzung, keine Traurigkeit. Die Seele ist göttlich und deshalb unversehrt.
Die Einschränkungen liegen in den gemachten Erfahrungen und die sind sozusagen im Bewusstseinskörper gespeichert. Er sammelt und sammelt und lässt all das wieder los, was geklärt und verstanden wurde. Wenn ich verstanden habe, dass meine Seele unverletzlich ist und nur die Erfahrungen das sind, was sich für uns verletzt spürbar macht, dann können wir diese Verletzungen und Erfahrungen heilen.
Die Seele nimmt die geheilten Erfahrungen auf in den riesigen Schatz der Erkenntnisse und Weisheit.
Aber... wie jetzt? Ich soll nicht helfen? Das kann doch nicht sein!?
Doch und nein.
Eines ist von zentraler Bedeutung, eine Lernaufgabe, die wir wahrscheinlich alle haben: Wir sind verpflichtet, Mitgefühl zu zeigen. Oft ist es das einzige, was wir tun können oder dürfen. Ein weiteres Wort beschreibt es ebenso klar: „die bedingungslose Liebe". Wir helfen nur selten bedingungslos.
Auch das Helfen, damit man sich selbst gut fühlt, ist von Bedingung geprägt.
Wie las ich vor einiger Zeit: „Der Bettler hat sich Seines auch gewählt". Werfe ich etwas in seinen Hut, geht 's mir dann besser? Geht 's ihm besser? Oder spielt genau das gar keine Rolle?
Geht es nicht viel eher darum, dass ich das respektiere, was er genau

in diesem Moment erlebt. Ja, und auch um das, was ich in diesem Moment erlebe.

Wenn er leiden will (auch wenn er es nur im Unterbewussten weiß), dann steht es mir nicht zu, etwas daran zu ändern! Dennoch hat er immer mein Mitgefühl verdient! Und in diesem Mitgefühl kann ich entscheiden, was ihm gut tut!

Greife ich einfach unüberlegt – ungefühlt ein, erhebe ich mich über das Opfer und bin nicht nur Helfer, sondern auch Täter. Ich mache etwas, was aus der Schwäche meines Gegenübers resultiert, ich bestätige ihn in dieser (Opfer-)Rolle. Dieses Spiel ließe sich an unendlich vielen Beispielen darstellen.

Aber, was haben denn nun Täter/Helfer/Opfer mit dem Zwillingsseelen-Thema zu tun?

Ich behaupte einmal kühn: „Nach der glückseligen Anfangszeit mit deinem Zwilling erlebst du sehr schnell das Rotieren dieser drei Rollen."

Da der Zwilling uns zu jedem unserer Schwachpunkte führt, ist diese Arena der drei Rollen wunderschön zu spielen.

„Die Liebe ist ein Erleben des anderen
in der eigenen Seele.
Wo Liebe, wo Mitgefühl sich regen im Leben,
vernimmt man den Zauberhauch
des die Sinneswelt durchdringenden Geistes."

(Rudolf Steiner)

Leidest du noch, oder fühlst du schon?
Mitgefühl und Mitleid

Die Frage war in einem Gespräch mit Kollegen, ob Mitgefühl/Mitleid ein Gefühl ist, also etwas, das wir wie eine Emotion fühlen können. Ich hätte früher gesagt: „Natürlich, was denn sonst?"
Wir alle erlebten in vielen Situationen Dinge, die uns traurig machten, manche wütend, fassungslos, hilflos, zornig, enttäuscht.
Häufig erleben wir dabei, dass wir mit dem Betroffenen leiden. Wir sehen sein/ihr Leid und spüren dieses, reihen uns ein unter die Leidenden. „Ist das nicht schlimm?", fragen wir einander. „Warum muss jemand so etwas erleiden?" Wir spüren dabei das Leid, es schmerzt, es tut uns sozusagen in der Seele weh, kurz, wir leiden mit!
Wer kennt das nicht. Ich denke, dass besonders die „Helfer" oft intensiv Mitleidende sind, aber niemand kann von sich behaupten, dass er dies in seinem Leben nicht kennt.
Ich habe irgendwann vor den Ausführungen von Sogyal Rinpoche gesessen und mich gefragt, was an Mitgefühl und Mitleid so grundlegend anders ist. Anfangs war ich nicht in der Lage, diese „Energien" scharf zu trennen. Doch ganz langsam gelang es mir, wahrzunehmen, was das Mitleid mit mir macht. Dabei fiel mir auf, dass ich offensichtlich gar nicht so oft mitgelitten, sondern doch mehr mitgefühlt hatte. Doch wenn ich mitlitt, dann spürte ich Schmerz im Herzen, Schwere in der Brust, Schwere in anderen Teilen des Körpers, Anspannungen und Verspannungen.
Gleichzeitig nahm ich bei dieser Betrachtung wahr, dass es oft ganz anders war. Ich war dann mit meinen Gedanken bei einem lieben Menschen, der beispielsweise einen Verwandten verloren hatte, sich getrennt hatte und so weiter. Ich fühlte dabei mit ihm, eine Energie die nicht schmerzte, nicht anspannte, nicht schwer machte. Ich konnte betrachten, Anteil nehmen, sprechen, unterstützen, Hilfe anbieten und litt nicht. Manchmal spürte ich, wie sich unbemerkt Tränen bildeten, ohne dass ich vor Mitleid weinte, sie kullerten einfach so, manchmal betrachtete ich die Situation und konnte es einfach so stehen lassen. Bewusst nahm ich wahr, dass wieder ein lieber Mensch uns verlassen hatte und

dachte beispielsweise darüber nach, wie er sein Leben wohl betrachten und was er sich für sein nächstes Leben wohl vornehmen würde.
Wo liegen denn nun die gravierenden Unterschiede?
Spielt es eine Rolle, ob ich mitleide oder mitfühle?
Ja, es spielt eine große Rolle!
Mitleid ist eine sehr schwere Energie, die sich nicht verflüchtigt, sie beschäftigt uns, sie lässt uns (mit)leiden. Wir speichern sie ab. Da unser Ich diese Energieform kennt, wird sie immer wieder in gleichen Situationen aktiviert. Immer wird aufs Neue gelitten, und die Energiemonster werden immer größer. Schau Dich oder die Menschen im deinem Umfeld einmal an. Erlebst du dabei Schulterschmerzen, Herzbeschwerden, Schwere, Verspannungen und ähnliches? Gibt es den Zusammenhang mit „immer wieder mitleiden?" Viele werden dabei jetzt nicken.
Mitleid steht in Verbindung mit unserem Ego. Es scheint regelrecht zu beobachten und zu rufen: „Hier ist Mitleid angesagt, das gehört sich so!"
Ist es beim Mitfühlen anders?
Ja! Auch hier entstehen oft Emotionen, auch hier wird möglicherweise geweint, aber die spürbare Energie fließt, sie ist in Bewegung. Sie kommt aus dem Herzen und steht in der Verbindung mit unserer Seele. Der Mitfühlende betrachtet meist das Ganze, erkennt Zusammenhänge und lässt das Geschehene damit los.
Der Mitleidende entdeckt immer auch etwas bei sich, dass er bemitleidet, der Mitfühlende ist beim anderen.
Ich empfehle hier eine Übung aus dem bereits zitierten Buch von Sogyal Rinpoche: „Das tibetische Buch vom Leben und Sterben."
Ich habe sie durch meine Erfahrungen ein wenig zusammengefasst und abgewandelt:

Die Mitgefühl Übung
Erinnere dich an eine Situation oder Menschen oder Tiere, für die du im Mitgefühl Hilfe geben möchtest.
Geh in eine entspannte Haltung /Meditationshaltung und beginne, bewusst zu atmen. Atme tief ein und aus. Folge mit deinem Bewusstsein der Atmung.

Dann betrachtest du dir in deiner Aufmerksamkeit das Leid des anderen und atmest ganz bewusst die Energie dieses Leids in dein Herzchakra ein. Dabei bittest du deine Seele und das Göttliche (du kannst dabei auch Engel, Meister...bitten), diese Energie mit deinem Mitgefühl und deiner Liebe in Licht zu transformieren. Dann atmest du ebenso bewusst diese Energie wieder aus. Selbstverständlich kannst (sollst) du dies auch mit selbst erlittenem Leid tun.
Beende die Übung, wenn du das Gefühl hast, es reicht. Manchmal dauert die Übung Stunden, manchmal nur wenige Minuten. Es geschehen bei dieser Übung manchmal unglaubliche Erfahrungen. Einige berichten von einer intensiven Erleichterung, Freude, Glücksgefühlen.

Mitgefühl und die bedingungslose Liebe bedingen einander, gehören zusammen. Wer mitfühlt ist in der Liebe und umgekehrt. Das Loslassen ist dabei meist kein Problem. Anders ist es mit dem Mitleiden, ich kann nicht loslassen und nicht in der bedingungslosen Liebe bleiben.
Und damit ist auch hier der Bogen zum Zwillingsseelenthema gespannt: In der Phase, in der die Begegnung mit dem Zwilling sorgenfrei ist, ist man im Herzen, im Gefühl, man hat Zugang zur Seele. Deshalb kennt man hier kein Mitleid. Kommt es in dieser Zeit zu Anlässen wie Sterbefällen, Verlust, Abkehr von Menschen, etc. kann man dies so nehmen wie es ist. Man weiß, dass es das Leben ist, man leidet nicht. Mitgefühl ist einfach da, man sorgt sich nicht. Doch sobald es zur Veränderung der Schwingung bei der Zwillingsbegegnung kommt, kehren Dinge wie Leiden, Mitleid und ähnliches blitzschnell zurück.

Lass alle Ängste los und liebe immer mehr, liebe bedingungslos. Denke nicht, dass du etwas für die anderen tust, wenn du liebst. Du tust etwas für dich selbst.

(Osho)

Das Hohelied der Liebe

Wenn ich in den Sprachen der Menschen und Engel redete / hätte aber die Liebe nicht, / wäre ich dröhnendes Erz oder eine lärmende Pauke.
Und wenn ich prophetisch reden könnte / und alle Geheimnisse wüsste / und alle Erkenntnis hätte; / wenn ich alle Glaubenskraft besäße / und Berge damit versetzen könnte, /
hätte aber die Liebe nicht, / wäre ich nichts.
Und wenn ich meine ganze Habe verschenkte / und wenn ich meinen Leib dem Feuer übergäbe, /
hätte aber die Liebe nicht, / nützte es mir nichts.

Die Liebe ist langmütig, / die Liebe ist gütig. / Sie ereifert sich nicht, / sie prahlt nicht, / sie bläht sich nicht auf. / Sie handelt nicht ungehörig, / sucht nicht ihren Vorteil, / lässt sich nicht zum Zorn reizen, / trägt das Böse nicht nach. Sie freut sich nicht über das Unrecht, / sondern freut sich an der Wahrheit. Sie erträgt alles, / glaubt alles, / hofft alles, / hält allem stand. / Die Liebe hört niemals auf. /
Prophetisches Reden hat ein Ende, / Zungenrede verstummt, / Erkenntnis vergeht. Denn Stückwerk ist unser Erkennen, / Stückwerk unser prophetisches Reden; wenn aber das Vollendete kommt, / vergeht alles Stückwerk.
Als ich ein Kind war, / redete ich wie ein Kind, / dachte wie ein Kind / und urteilte wie ein Kind. Als ich ein Mann wurde, / legte ich ab, was Kind an mir war.
Jetzt schauen wir in einen Spiegel / und sehen nur rätselhafte Umrisse, / dann aber schauen wir von Angesicht zu Angesicht. Jetzt erkenne ich unvollkommen, / dann aber werde ich durch und durch erkennen, / so wie ich auch durch und durch erkannt worden bin.

Nun aber bleiben Glaube, Hoffnung, Liebe, diese drei; / doch am größten unter ihnen ist die Liebe.

Paulus im Korintherbrief

Die bedingungslose Liebe

Hm, nun dieses Thema macht mich sehr nachdenklich. Einerseits klingen diese beiden Worte in dieser Konstellation sehr klar, sehr eindeutig, unmissverständlich, aber auch einfach, ja fast banal, unspektakulär. Andererseits weiß ich mittlerweile, dass das bedingungslose Lieben die Hohe Kunst des Menschseins ausdrückt.
Warum? Hier ein paar Erfahrungen:
Innerhalb meiner immer noch recht aktiven Gruppe der Rückführungskollegen erleben zwei meiner sieben Kollegen nicht selten Konflikte miteinander. Die eine sagt dabei oft: „Geh doch einfach in die Liebe, ins Herz, und dann findest du die Lösung, es löst sich auf….". Die andere springt beinahe aus der Hose und sagt: „Hör mir auf, wie soll ich denn da in die Liebe gehen!"
Auch ich erlebe mit (sehr wenigen) Menschen aus meinem direkten Umfeld Konflikte. Bin ich in meiner Mitte, kann ich diese Menschen so seinlassen wie sie sind, sie lieben. Bin ich nicht in meiner Mitte, fällt mir dies sehr schwer. Bedingungslosigkeit geht in diesen Momenten kaum.
Was ist denn nun bedingungslose Liebe?
Ich habe jahrzehntelang ein Leben mit sehr wenigen Emotionen gelebt. Selbst in den ersten Jahren der Rückführungsarbeit fiel es mir schwer, zu fühlen, zu spüren, unter die Oberfläche zu gehen.
Immer wieder hörte ich von außen, meinen Kollegen, aber auch von meiner Seele, meiner inneren Stimme: „Öffne dein Herz". Ich hörte und wusste letztlich, dass es ein berechtigter Aufruf zur Veränderung war.
Doch, wie macht man das, sein Herz öffnen?
Ich weiß noch, dass meine Mentorin und Ausbilderin und eine Kollegin mir innerhalb weniger Tage Gleiches nochmals empfahlen: „Öffne dein Herz!". Also gab ich diesen Auftrag an mich selbst weiter: „Ich bin bereit und will jetzt mein Herz öffnen."
Und dann ging es los: Die Ereignisse überschlugen sich, Loslassen, Schmerz, Verlust, Trennungen, aber auch das Leben und „Sammeln" von Freundschaften, Freude, Erkenntnissen, Entdeckungen und vieles mehr folgten.
Und in diesem Prozess begegnete ich meinem Zwilling, und ich erlebte

was Bedingungslosigkeit bedeutet. Ich habe es zuvor bereits beschrieben. Doch seither ist auch einige Zeit vergangen, und das Leben in Raum und Zeit ging und geht weiter. Es gibt viel zu diesem Thema zu sagen, doch versuche ich ein paar zentrale Aspekte kompakt zu beschreiben.

Den ersten Aspekt nenne ich einmal:
„Es Ist und das Sein-Lassen"
Alles ist so wie es ist, ohne Wenn und Aber.
Und als solches kann ich das Universum, die Erde, die Menschen, die Politik, die Umwelt, das Zeitgeschehen sein lassen. Du kennst sicher Menschen und Situationen, die außergewöhnlich, schwierig, unschön, usw. sind, aber du bleibst bei ihrer Betrachtung völlig neutral, es macht dir nichts aus.
Andere Situationen und Menschen bringen dich bei gleichem Sachverhalt jedoch auf die Palme. Dies ist so, weil etwas in dir in Resonanz mit dem Auslöser geht (siehe Resonanzgesetz). Solange du diese Resonanzen nicht aufgespürt und geklärt/geheilt hast, kannst du nicht bedingungslos lieben.
Und immer führt dich eine solche Situation an den Punkt, an dem du dich selbst fragen musst: „Liebe ich mich?"
Liebst du dich so wie du bist? Mit deinen Schatten, deinen Verletzungen, deinen Macken...? Liebst du dich bedingungslos? Ansonsten kannst du auch andere nicht bedingungslos lieben.
Kannst du dich nehmen wie du bist? Kannst du in den Spiegel schauen und sagen: „Ich Bin, ich liebe mich so wie ich bin, ich kann alles annehmen, was ich bin und an mir wahrnehmen?" Versuche es bewusst!
Das ist ganz schön schwer, oder?
Kannst du alles sein lassen, wie es ist?
Vielleicht hast du auch einen Menschen in deinem Umfeld (Partner, Mutter, Vater, Chef...), der dich verletzt hat, vielleicht immer wieder. Eine Aussöhnung scheint ohne Aussicht auf Erfolg. Schaffst du es dir selbst zu sagen: „Ja, er hat mir Schlimmes angetan, es hat mich verletzt, eine Klärung scheint momentan nicht möglich zu sein, doch ich kann ihm verzeihen und ihn jetzt sein lassen wie er ist." ?

Das ist schwer, vor allem wenn die Vorfälle noch aktiv sind, sich wiederholen.

Wir schaffen dies erst, wenn wir herausfinden, welche der oben genannten Themen, Schatten, Muster, Rollen in uns aktiv sind und uns davon abhalten, in einen absolut neutralen Zustand zu kommen. Das geht immer! Du hast dir diese Aufgabe vorgenommen, und es gibt immer einen Weg. Erfolgreich ist der Weg, wenn du alles und jeden sein lassen kannst.

Im zweiten Aspekt rate ich dir, verlass die Betrachtung auf der menschlichen Ebene, denn diese bringt die Schwingungen aller Erfahrungen, aller Belastungen, Verletzungen, Muster... in den jetzigen Moment hinein. Dein Gegenüber erlebt momentan vielleicht viele sehr anstrengende Prozesse, und jeder dieser Prozesse hat eine eigene Schwingung. Als Beispiel sei ein beruflicher Konflikt, bei dem es um Macht und Mobbing geht, genannt. Diese Schwingung ist aktiv und „kekst dich an", wenn etwas in dir zu diesem Thema ungeklärt ist. So steigst du, ohne dass du den Auslöser kennst, auf die Machtprobe ein. Wie aus dem Nichts entsteht ein Konflikt der ganz schön krafttraubend sein kann. Das Ego tobt sich bei diesen Prozessen nach Lust und Laune aus.

Es kann dir gelingen, aus dieser Misere auszusteigen indem du die Ebene des Menschseins verlässt. In einer Meditation oder einfach nur in der Ruhe oder bei einem Spaziergang machst du dir bewusst, dass alle Seelen, alles was ist, dieselbe Grundlage haben. Alles ist wunderbare Schöpfung, jede Seele ist liebenswert, jede Seele ist rein. Jede Seele hat in ihrem Kern eine reine Grundschwingung, unbelastet durch all die gesammelten Erfahrungen. Und so hast du eine liebenswerte Seele vor dir. Zugegeben, im Konflikt ist dies schwierig. Aber was hält dich davon ab, eine Grundhaltung einzunehmen, die es dir ermöglicht, nicht den Menschen mit all seinen Schatten, sondern die reine Seele zu betrachten? Wenn dich davon etwas abhält, dann sind es deine unerlösten Anteile, die dich mit deinem Gegenüber in Resonanz gehen lassen.

Du spürst dies, weißt aber, er ist eine reine Seele. Du ziehst dich aus dem Geschehen heraus und schaust, was in dir der Auslöser war. Ein weiterer Konflikt kann so oft vermieden werden. Diese Übung ist anfangs nicht leicht, wird aber mit der Zeit immer einfacher.

Den dritten Aspekt nenne ich: „Das bewusste Fühlen der Herzschwingung."
Das ist schwer zu erklären, aber ich versuche es:
In den letzten Jahren gelang es mir immer mehr, die Menschen und viele Dinge, die sie fabrizieren, so sein zu lassen, wie sie sind. Selbst wenn sie mich angriffen, nicht akzeptierten. Und dabei konnte ich oft in einem absolut neutralen Gefühl bleiben.
Nun liegt dies sicher auch an der Erfahrung aus vielen hundert Rückführungssitzungen. Ich erlebte oft, wie sehr sich Seelen bekämpft, zerstört, angegriffen, massakriert und geliebt haben. Alles hat seinen Grund, und so kann ich aus dieser Erfahrung heraus die Neutralität schaffen.
Doch das fühlt man zu Anfang noch nicht! Das Veranschaulichen der drei Aspekte verhilft uns, in entsprechenden Situationen souveräner zu agieren. Doch benötigt es etwas Erfahrung, dieses Wissen auch in allen Ebenen des Seins aufzunehmen. Erst wenn ich verstehe, dies alles integriere und dabei auch fühlen kann, bin ich auf jeden „Notfall" vorbereitet und besitze die Schlüssel für jedes Rätsel.
In jedem von uns ist die Energie, die Schwingung/Frequenz der bedingungslosen Liebe vorhanden. Unsere Seele kennt diese Energie, ohne Wenn und Aber. Sind alle blockierenden Energien gelöst, ist alles geklärt und kann ich es selbst zulassen zu lieben, mich zu lieben, reicht dieser Impuls, reicht mein eigener Impuls!
„Wie bitte?", höre ich jetzt den ein oder anderen fragen.
Ja, dein Impuls: „Ich will mein Herz öffnen, ich will mich lieben, ich will bedingungslos lieben..." ist die erste und wichtigste Voraussetzung auf dem Weg der bedingungslosen Liebe.
Ich kenne viele Klienten, die in ihren Sitzungen Christuserfahrungen machten, auch berichteten Kollegen über Ähnliches. Das Christusbild, das wir aus dem Neuen Testament kennen, ist recht verzerrt. Die Klienten erlebten einen Jesus Christus, der auf seinem Lebensweg in einige Sinnkrisen geriet, der Mitleid erlebte, als sein Freund starb, der von vielen Menschen abgelehnt wurde, der verfolgt wurde, der manchmal ruhelos war. Doch entwickelte er sich zu einem bedingungslos liebenden Menschen, der dann am Kreuz die Situation und die Menschen so annahm wie sie sind: „Denn sie wissen nicht, was sie tun." Dies ist eine zentrale Botschaft aus seinem Leben (Buchtipp: „Stille im Herzen").

In die Herzschwingung zu kommen, gelingt jedem Menschen, doch ist es ein Prozess dorthin zu kommen. Klären, verzeihen, verstehen, erkennen. Manche „Mitreisende" haben das Glück, in der Vergangenheit bereits vieles erledigt zu haben und schaffen es mit einem Klacks, mühelos alles und jeden zu lieben!
Ich kann heute mit Klarheit und Gewissheit sagen: „Bedingungslose Liebe ist möglich, und es fühlt sich erfüllend an."
Der ein oder andere wird sagen: „Selbstverständlich liebe ich bedingungslos, zum Beispiel mein Kind!" Zeigt dieses Kind jedoch plötzlich Seiten, die man nicht gerne sieht, wie Unordnung, keine Lust auf Schule, Streit, Raufereien, Drogen, den Wunsch auszuziehen, nicht studieren wollen, sehen die Gefühle oft und sehr schnell anders aus.
Und – liebst du wirklich bedingungslos?
„Ich liebe dich, mach doch dies oder das…" Ähnliches kennen wir alle!
Und dennoch: Wir alle können bedingungslos lieben!
Die reine und bedingungslose Liebe ist die Voraussetzung, die Dualität aufzulösen, alles zu integrieren und Eins zu sein. Scheinbar unerreichbar und doch ganz einfach!
Denn, sie wohnt in unserer Mitte, in unserem Herzen. Ihren Ursprung hat sie in der Göttlichen Liebe. Und da wir alle den göttlichen Funken in uns tragen, ist die direkte Verbindung zur bedingungslosen Liebe da, immer. Die bedingungslose Liebe ist nicht polar, also nicht geschlechtlich, sie ist ohne Bewertung, das Ego hat keine störende Bedeutung.

Eine Übung zum Wiederentdecken der bedingungslosen Liebe:

Wir Menschen des 21. Jahrhunderts sind oftmals Kopfmenschen, mehr in unserem Verstand unterwegs als im Herzen. Dazu kommt noch, dass der Verstand vom Ego geprägt ist. So beginnst du deine Übung/Meditation in deinem Kopf:
Lade in deiner Absicht dein Ego ein, sich auszuruhen, sich in die Sonne zu legen, sich zurückzuziehen.

Atme bewusst und aufmerksam tief ein und aus, folge deinem Atem bis in deine Lungen hinein – solange du möchtest.

Nun gehst du mit deinem Bewusstsein mitten in deinen Kopf hinein. Dein Körper besteht ja nicht nur aus dem physischen Körper, sondern auch aus den Energiekörpern, den Chakren, etc. So ziehen Energiebahnen von oberhalb unseres Körpers bis in die Erde hinein. Eine Energiebahn, in die viele andere Kanäle münden, ist die sogenannte Pranaröhre. So stellst du dir nun vor, dass dein Bewusstsein in Form einer goldenen Kugel aus deinem Kopf in diese Pranaröhre hineinströmt und mit der dort fließenden Energie durch den Hals in den Brustkorb getragen wird. Ganz automatisch führt ihr Weg mitten in den Herzraum hinein. Während die goldene Kugel das Herzchakra erreicht, wird es immer heller und du erlebst diesen Herzraum mit seiner leichten, warmen, wundervollen Energie. Vielleicht hast du sogar Bilder dieses Raumes, palastähnlich, golden, glänzende heilsame Farben. Vielleicht spürst du die Wärme, die Schwingungen, die Leichtigkeit. Du hältst dich hier ein paar Minuten auf und wanderst mit der Kugel weiter.

Eine goldene Türe öffnet sich, und du landest automatisch in einem weißgoldenen Raum. Auch hier hast du vielleicht Bilder, vielleicht fühlst du auch einfach nur. Denn du weißt, hier bist du zu Hause, der heiligste Raum deines Herzens, der Raum, in dem der göttliche Funken wohnt, deine direkte Verbindung zum Ursprung. Alles, was dich ausmacht, ist hier, es ist, du Bist.

Und hier bist du – bedingungslose Liebe.

Hier existiert nur deine reine Essenz.

Genieße das Sein in diesem Raum solange du möchtest, bevor du dich wieder verabschiedest und zurück ins Hier und Heute kommst.

Du kannst diese Übung später ganz nach deiner Intuition erweitern. Lade beispielsweise dein Ego ein, in diesen Raum zu kommen und zu fühlen wie das Leben sich außerhalb des Kopfes anfühlen kann. Du kannst es auch einladen, sich mit der göttlichen Energie zu verbinden. Du kannst in diesen Raum auch – wenn sie nicht automatisch auftauchen – geistige Helfer einladen mit dir in den Austausch zu gehen.

Was und wie du magst!

Und alle sind wir Eins:
Der Mensch, das Ding, der Traum,
Der Stein, der Stern,
der Sturm, die Blume und der Baum.
In allen lebt der Eine, ew'ge Schöpfergeist,
Der aus dem Staub uns hoch und immer höher reißt,
Bis wir zuletzt aus Wesen dieser Erden
Zum Geist erhoben und vergottet werden.

(Karl Ernst Knodt, etwa 1900)

Die Urverletzung

Grundsätzlich befasst sich der Rückführer mit seinem Klienten mit einem Ausgangsthema, einer Verletzung, einem Trauma, oder kurz - dem Ursprung dessen, was der Grund der Sitzung ist. (Es sei denn, es geht dem Klienten um eine rein spirituelle Sitzung oder etwas rein Historisches oder das Stillen der Neugier, was freilich eher selten ist.)
Doch was ist eine Verletzung?
Welche Verletzungen haben Einfluss auf unser Hier und Heute?
Dazu kann man keine pauschale Antwort geben. Letztlich sind es alle Erfahrungen, die wir zum Zeitpunkt des Entstehens nicht loslassen konnten. Scheinbare Banalitäten, wie das Dasein („Einsperren") im Laufstall, wie in der Geschichte von Franz, oder das Abgeben im Kindergarten oder die Niederlage in einem Spiel, können traumatische Auswirkungen haben. Das hat sicher mit unserem Naturell, aber auch mit unseren Lebensaufgaben zu tun, mit unserer Entwicklung und so weiter.
Auch an dieser Stelle kommt die Frage des Warums, doch aus einem anderen Grund. Warum ist es so, warum entwickelt sich die Welt so? Warum entwickeln sich aus scheinbar banalen Situationen Verletzungen und Traumata?
Alles, was nicht in der absoluten Liebe oder genauer in der bedingungslosen Liebe ist, schwingt in der Energie der Angst. Viele Menschen, die in irgendeiner ihnen wichtigen Beziehung leben (Eltern, Geschwister, Partner, Kind...) teilen auf die Frage: „Hast du Ängste?" mit, dass sie Angst vor Verlust/Trennung haben.
Ich las vor langer Zeit einmal einen Artikel mit der Theorie der Urverletzung: „Trennung".
Zuerst verstand ich die Tragweite und Tiefe dieser Ansicht des Autors (ich glaube es war Alberto Villoldo) nicht ganz. Nach vielen Betrachtungen, persönlicher Erfahrungen, Sitzungen, Gesprächen und der Meditation bin ich mir sicher, dass sehr viele Menschen unter genau dieser Angststörung leiden. Zwar existiert im Heute oft die Angst, das geliebte Kind oder den geliebten Partner zu verlieren, doch unter dieser Angst liegt viele Schichten tiefer die Urverletzung der Trennung.

In der Bewusstseinsarbeit erlebt der Mensch oft, dass er etwas Elementares gelöst hat, er fühlt sich wie ein Prinz oder eine Prinzessin auf Wolke sieben. Doch Wochen später ist er enttäuscht, dass sich dieser Zustand wieder verflüchtigt. Hat er etwas falsch gemacht oder falsch betrachtet? Nein, manche Themen sind wie eine Zwiebel! Du entfernst eine Ursache der Angst, und es taucht eine weitere auf, die vorher nicht auffallen konnte, weil die darüberliegende Schicht sie unsichtbar machte.
So ist es auch mit der Angst vor Trennung. In diesem Themenkreis ist es oft so, dass die Urverletzung nach Heilung schreit.

Ich liebe einen Songtext meiner Lieblingsband Runrig, „Travellers", den ich hier übersetzt habe:

Wir standen im Mondlicht und der Fluss floss

Und Gott ging durch den Garten

Ein dichter Nebel fiel auf den Boden

Ich sah das alles ohne Verpflichtung etwas tun zu müssen

Das ist deine Schwester, das ist dein Bruder

Dies ist deine Mutter, nicht irgendjemand anderes Traum

Und all die Energien unserer Lebzeiten driften durch die Bäume

Zu diesem Ort der Momente, in denen alles sicher war

Reisende auf einem alten Weg

Mit all dem Gepäck unserer Tage und Jahre (und Leben)

Das Leben trägt uns wieder

Zum nächsten Wiedergeborenwerden

Und ich werde dich tragen

Bis dieses große Rennen vorbei ist

Wir standen im Garten

Und der Fluss floss ....

Für mich drückt dieser Liedtext den ewigen Fluss des Lebens aus, das ewige Spiel Gottes. Und es begann in und bei Gott, wohin es auch wieder zurückführt.
So erleben wir alle seit diesem Lösen aus der Urenergie Gottes eine wichtige Erfahrung nach der anderen.
Die Verbindung zu Gott ist nie gerissen, wohl aber das Bewusstsein dieser Einheit und Verbindung. Und zum Bewusstsein gehört das Wissen und das Fühlen in allen Dimensionen.
Mancher Klient hätte Stein und Bein darauf geschworen, Gottvertrauen zu haben und erlebte in Sitzungen Situationen, in denen er sich getrennt von aller Liebe und verlassen von Gott fühlte.
Der Verlust des Geliebten, der Tod eines Kindes, die Grausamkeit des Krieges und der Flucht, Einsamkeit und so weiter. Viele haben Gott verflucht, die Engel geleugnet und so weiter. Ja, das ist das Gepäck der vielen Tage und Jahre, der vielen Leben. Und so tragen viele Seelen in sich eine Energie, die sagt: „Du bist weit weg von Gott, er ist weit weg." Und diese Energie schreit nach Heilung, du musst es nur wollen.

Eins und alles

Im Grenzenlosen sich zu finden,
Wird gern der Einzelne verschwinden,
Da löst sich aller Überdruss;
Statt heißem Wünschen, wildem Wollen,
Statt lästigem Fordern, strengem Sollen
Sich aufzugeben ist Genuss.

Weltseele, komm, uns zu durchdringen!
Dann mit dem Weltgeist selbst zu ringen,
Wird unsrer Kräfte Hochberuf.
Teilnehmend führen gute Geister,
Gelinde leitend höchste Meister
Zu dem, der alles schafft und schuf.

Und umzuschauen das Geschaffne,
Damit sichs nicht zum Starren waffne,
Wirkt ewiges, lebendiges Tun.
Und was nicht war, nun will es werden
Zu reinen Sonnen, farbigen Erden;
In keinem Falle darf es ruhn.

Es soll sich regen, schaffend handeln,
Erst sich gestalten, dann verwandeln;
Nur scheinbar stehts Momente still.
Das Ewige regt sich fort in allen:
Denn alles muss in Nichts zerfallen,
Wenn es im Sein beharren will.

(Johann Wolfgang von Goethe)

Von der Trennung zum EinsSein

Kinder stellen gerne die Frage: „Warum?"
Warum sollen wir Erwachsene nicht auch immer wieder „Warum?" fragen? Und letztlich sind viele Kinder viel bewusster, also letztlich erwachsener als wir Großen!
Also, nochmals zum „Warum?":
Das Leben hat seit Beginn dieses Zyklus, also dem Augenblick, an dem Gott „den Schalter" zum Erfahren und Entdecken umlegte, unglaublich viele Facetten entwickelt. Wie sollte es bei einem Gott der „alles in allem" ist und genau das „sich entwickeln lässt" anders sein?
Jeder einzelne Bruchteil dieses Gesamtbewusstseins ist mit seinen persönlichen Aufgaben unterwegs. Sei es als das Bewusstsein eines Steines, einer Pflanze, eines Tieres, eines Menschen, eines feinstofflichen Wesens oder eines Bewohners der vielen Planeten des Universums. Dabei gibt es, wie beschrieben, Schwerpunkte, die viele Seelen „beackern", wie Loslassen, Verlust und so weiter. So kommen die Seelen am immer wieder auftretenden Thema Trennung nicht vorbei.
Eine meiner Klientinnen ist zum fünften Mal verheiratet, erlebte also sehr häufig Trennung, aber nicht nur in diesen Beziehungen, sondern auch von Arbeitsstellen, Freunden und vielem mehr. Immer wieder darf eine Seele in den verschiedenen Inkarnationen auch das Gegenteil erleben, nämlich die Einheit, beziehungsweise das EinsSein. Da jedoch das Thema Trennung unglaublich viele Facetten und Aspekte zeigt, macht sich eine Seele sehr oft auf den Weg, eine solche Erfahrung nach der anderen zu machen. Dummerweise macht sie auch viele Erfahrungen, die ihr „Extraschleifen" bescheren, also beispielsweise Karma verursachen oder Seelenverträge. Somit kommen oft viele hundert Inkarnationen zustande, in denen immer wieder etwas gelernt wurde, aber die Seele die Gesamtheit der Lernaufgabe nicht erfassen konnte. Und wie in einem Spiel heißt es dann auf der sogenannten geistigen Ebene: „Hm, das hatte ich mir anders vorgenommen, das habe ich noch nicht geschafft, da fehlt immer noch etwas..." Und so entscheidet sich die Seele, nochmals mit bestimmten Helfern auf die Reise zu gehen, um das Thema erneut zu bearbeiten.

Und dabei spielt sehr oft die Zwillingsseele eine besondere Rolle. Sie ermöglicht in Sekundenbruchteilen, ohne jeglichen Schleier und Maske, das Eintauchen in die Erfahrung, die Energie des EinsSeins zu fühlen und zu spüren.

Wer das Eintauchen in das Urlicht in einer Meditation oder einer Rückführung spürt, weiß, er ist nicht getrennt von Gott, und er war es nie.

Trennung von Gott ist eine Illusion, die genährt wurde durch die Dramen unserer Zeiten/Leben/Erfahrungen, aber auch durch Dogmen und Institutionen.

Und immer wieder nehmen wir Anlauf, um genau das zu lernen: „Wir sind verbunden, alles ist verbunden, alles ist Eins." In unseren Herzen, im heiligsten Raum unseres Herzens, sind wir verbunden mit Gott. Er lebt in uns, wir in ihm. Trennung ist eine Illusion.

Es ist, als stehe Gott vor uns wie eine liebende Vater-Mutter mit den Worten: „Auch wenn du dir gerade eben sehr weh getan hast, komm auf meinen Arm, hier ist immer dein Platz, hier hast du immer Zuflucht, hier findest du immer Schutz, hier wohnt die bedingungslose Liebe".

Ja, dieser Gott ist so – und warum?

Weil er nicht in der Trennung lebt. Er lebt nicht die Illusion. Er ist reines Bewusstsein. Und im reinen Bewusstsein existiert keine Trennung, also auch keine duale Energie, keine Illusion. Und da in jedem von uns Gott wohnt, existiert in uns dieses Bewusstsein. Also müssen wir uns dieses Bewusstseins nur noch bewusst werden. So einfach ist das also!

Herrmann Hesse schreibt in Siddartha (frei formuliert): „und tauchst du bewusst aus dem Kampf auf, kannst du lachen".

Ja! So ist es!

Aber, wie geht das?

Hat man sich von den Illusionen, Masken, Verletzungen gelöst, entdeckt man die Verbindung, das EinsSein in Meditation, in der Ruhe, der Stille, dem Nichts.

Auch wenn es oft mit viel Arbeit verbunden ist, es lohnt sich, diesen Zustand anzustreben und zu erreichen, den Zustand, dass ich das alles fühlen, erleben, leben kann.

Manchmal können folgende Dinge notwendig sein:

Das Integrieren der inneren Anteile, das Ausgleichen der Elemente, das Zusammenführen von Ego, Höherem Selbst und den göttlichen Anteilen. Auch das Aktivieren der Merkaba - dem Lichtkörper - kann dienlich sein, das Heilen der Energiekörper.

Jeder kann für sich herausfinden, was ihn davon abhält, Eins zu sein. Und dann besteht das Bewusstsein: Die Trennung ist nicht existent, sie ist wie alles andere nur eine Illusion!

Und da ist nun der Bogen wieder zum Zwilling gespannt! Er ist nie von uns getrennt! Die Verbindung der Zwillinge ist sozusagen im Kleinen das, was Gott im Großen ist!

Menschen, die eine geübte, eine gelebte Meditationspraxis haben, erleben mehr oder weniger häufig das EinsSein-Gefühl und wissen, wie wunderbar das ist. Doch ist das tägliche Leben gnadenlos. Fehlen uns noch Erfahrungen, werden wir trotz der „kleinen Erleuchtungen" immer wieder mit neuen (oder auch alten) Themen konfrontiert. Oft kommt es uns so vor, als ob wir alles Gelernte wieder vergessen hätten. Doch diese Schleier sind völlig normal. Zweifele nicht! Damit du unbeeinflusst eine neue Erfahrung machen kannst, wird bereits Gelerntes sozusagen von einem großen Mantel verhüllt. Dies ist ähnlich wie bei der Geburt und den ersten Lebensjahren. Da deine Seele alles Wissen in sich trägt, wird in den ersten Lebensjahren nach und nach der Schleier des Vergessens über alles gelegt. Warum sollst du lernen, wenn du alles weißt und dich daran erinnerst?

Doch je weiter deine Entwicklung fortschreitet, desto bewusster bleiben die erfahrenen, erkannten Dinge. Im Prinzip ist das so. Denn, wenn der Zwilling auftaucht, scheint manchmal alles vorher Erlebte und Klare wieder vergessen, denn dann gibt es nur noch ihn.

Also: Was muss Eins werden? Alles! Einfach alles!

Besonders krass ist für manche die Aussage: „Liebe deinen Hass und nimm ihn an, er gehört zu dir und dann kannst du seine Energie in dein Licht führen. Liebe dein Ego, liebe deine Wut, liebe deine Neigungen und domestiziere sie, mache sie zu geliebten Anteilen deiner selbst. Dann fließt alles ins Licht. Alles hat Berechtigung da zu sein, gleichberechtigt zu sein, denn alles ist gut, denn es kommt alles aus der Quelle und kehrt zu ihr zurück!"

Je weiter dein Bewusstsein fortschreitet, desto mehr wirst du spüren und fühlen.
Dein linkes Bein schmerzt manchmal wie angeflogen? – Prüfe, ob deine weiblichen Energien unterdrückt werden.
Dein rechtes Auge brennt? - Siehst du irgendetwas zu genau, übertreibst du vielleicht eine Betrachtung, verurteilst du etwas, was du siehst, vielleicht etwas typisch Männliches?
Bleibt dir die Luft weg? - Nimmt dir etwas die Luft, wird dir der Raum zur Entfaltung genommen?
Hast du Kopfschmerzen? - Weil du dir zu viele Gedanken machst?
Schmerzt dein Knie? - Lässt du immer noch deinem Ego freien Lauf?
Diese Liste ist endlos fortzusetzen und so schön zu spielen! Das ist ein schönes Spiel des Lebens!
Ja, mit zunehmendem Bewusstsein wird dir solches immer mehr auffallen! Und es kann Freude machen, diese Dinge zu entdecken.
Du wirst erleben, dass beim Erkennen der Ursache Beschwerden oft sofort, ja augenblicklich verschwinden, einfach weg sind.
Ich erlebe dies sehr oft, ja fast täglich.
Das erste Mal, als es mir bewusst aufgefallen ist, dass mein Körper spricht, geschah Folgendes: Ich schrieb an einem Skript und kam an einem Abschnitt nicht weiter, ich unterbrach kurz. So stand ich wenige Minuten später am Waschbecken und hatte beim Abtrocknen der Hände einen intensiven Schmerz an einer Hand, sodass mir sogar das Handtuch auf den Boden fiel. Ich sah auf meine Hand und hatte das Wort Handlungsunfähigkeit im Kopf. Ich ging zum Computer und wollte weiter schreiben und betrachtete mir das zuvor Geschriebene. Und was fehlte? Das Wort: Handlungsunfähigkeit!
Ich war völlig perplex und bemerkte zum ersten Mal wirklich bewusst, dass mein Körper eine eigene Sprache spricht! Und das tut er immer. Nur habe ich es lange nicht bemerkt. Heute erlebe ich dies oft, und ich verstehe immer öfter seine Sprache.
All das geschieht auf dem Weg zum EinsSein. Je mehr ich Eins werden lasse, je mehr ich integriere, desto mehr wird bewusst.
Vor Jahren beschäftigte ich mich mit der Blume des Lebens und der Heiligen Geometrie.

Was hat dies mit dem EinsSein zu tun?
Alles ist Leben. Alles ist Energie und Schwingung. Doch benötigt das Leben in seiner Vielfältigkeit Formen und Strukturen. Seit Albert Einstein wissen wir (letztlich haben bereits die Gelehrten der Antike dies gewusst und beschrieben), dass die Zeit letztlich nicht als lineare Erfahrung existent ist. Sie ist quasi eine Illusion. Auch in der Rückführungsarbeit entdeckt man bei aufmerksamer Betrachtung, dass letztlich alles gleichzeitig stattfindet.
Ich werde hier nicht versuchen, das zu erklären oder auseinanderzulegen und zusammenzusetzen. Ich glaube nicht, dass ein Mensch existiert, der dies in seiner Komplexität ganz und gar verstehen und erklären kann.
Wir wissen, dass alles zu Energie wird, was wir denken, reden, tun, schaffen, schöpfen, und alles schwingt. Wer mag, kann sich dazu die Wasserkristallbilder von Dr. Masaru Emoto anschauen. Emoto hat die Strukturen der Wassermoleküle fotografiert. Sobald auf diese Moleküle Energien, verschiedene Schwingungen, treffen, verändern sich die Bilder in wunderschöne Formen oder in grausig entstellte Strukturen.
Also verändert jede kleine energetische Schwingung das energetische Gefüge.
Doch was ist das energetische Gefüge?
In der Quantenphysik ist man sich heute ebenso sicher wie in der Esoterik und der Theosophie, dass alles miteinander verbunden ist.
Viele diesbezügliche Experimente weisen dies nach. Wissenschaftler am entgegengesetzten Ende der Erde stellen Aktionen von Kollegen fest, die als Experiment durchgeführt wurden.
Ich bin bereits vor Jahren mit Büchern der Heiligen Geometrie in Kontakt gekommen. Einer der Hauptvertreter der Theorien rund um die Heilige Geometrie „Drunvalo Melchisedek" legt bis ins Detail in seinen Werken dar, dass alles Leben auf Grundlage der Heiligen Geometrie fußt. Mir war dies zu schwere Kost. Doch erlebte ich später in vielen Rückführungen genau das. Klienten erlebten, dass sich alle im und vom Menschen geschaffenen Energien in Form von geometrischen Körpern zeigen. Sie benötigen sozusagen Formen, um existent zu sein und zu schwingen. Auch innerhalb der menschlichen Energiekörper existieren

diese Formen. Blockaden, Verletzungen, Ängste, Traumen und Dramen deformieren diese Körper (Vergleiche mit Emotos Kristallbildern sind hier naheliegend). So beschrieb eine Klientin ihren Mentalkörper beispielsweise als Oktaeder und stellte erschreckt fest: „Wunderschöne Form, doch fehlt eine Diagonale fast komplett, sie ist eingedrückt."
Das ursächliche Ereignis wurde betrachtet und geklärt, sodass die ursprüngliche Form wiederhergestellt werden konnte. Zugehörige Beschwerden verschwanden sofort.
Auf das Große und Ganze betrachtet, stellt man fest, dass diese Einheiten ein Minibruchteil des Ganzen sind. Die geometrischen Formen setzen sich zusammen und ergeben ein Bild, das sehr viele beispielsweise aus der Schulzeit als Mandala kennen: „Die Blume des Lebens". Auf einer nachfolgenden Seite sind zwei Darstellungsformen der Blume abgebildet. Eindimensional bildet sie auf einfache Weise die vielen energetischen Verbindungen ab, durch die alle Informationen, alle Schwingungen, fließen/schwingen. Vom kleinsten Teilchen bis zum Äußeren aller Galaxien ermöglichen diese Strukturen den Fluss aller Energien und Schwingungen. Anhand der mehrdimensionalen Darstellung der Blume erahnt man vielleicht die unglaubliche Komplexität mit der Energien fließen/schwingen.
Wie gesagt, ... dies ist nur eine extrem vereinfachte Darstellung eines einfach gestrickten Gehirns (ich war nie eine Leuchte in Mathematik, Physik und Geometrie).
So versuche ich, ein Bild darzustellen, das ich in einer Meditation erlebte:
Lieschen Müller inkarniert mit Paulchen Schmitt (ihrer Zwillingsseele) als dessen Enkeltochter. Beide haben schon einige Leben hinter sich und dabei auch karmische Verstrickungen, Seelenverträge und einiges mehr hinterlassen.
Scheinbar sieht die Blume des Lebens von Lieschen und die von Paul im Kleinen und im Großen (also im Zellbereich und als Gesamtkörper) jungfräulich und unbeschrieben aus. Man startet ja nahezu neu, ausgestattet mit Lebensaufgaben und Lernaufgaben. So betten sich die Energien von Lieschen und Paul irgendwo in dieser riesigen, quasi unendlichen, Blume ein. Ein Pünktchen in einer kaum zu erfassenden

Fülle. Und Lieschens und Pauls Bewusstsein gehen wohl noch davon aus, dass ihre Strukturen, ihre Blumen, strahlend rein sind.

Doch – sie haben Spuren hinterlassen. Immer wenn sich Lieschen nun bemerkbar macht, sei es durch Gedanken, Mitteilungen oder sonstige Aktionen fließen ihre Energien in Form von Schwingung in die riesige Blume ein. Da Lieschen hier bereits fleißig Energien hinterlassen hat, fließen plötzlich, geweckt durch die gleichen Schwingungen (vergleichbar mit einem Fingerabdruck), diese alten Energien wieder. So erlebt Lieschen als Jugendliche, dass Opa Paul schwer krank ist und „es möglicherweise eng wird".

Irgendwo in dieser riesigen Blume besteht nun eine alte Information, die plötzlich freigesetzt wird, weil die entstehenden Gefühle (beispielsweise Angst vor Tod, Verlust...) den damaligen Gefühlen gleichen. Beide hatten sich in Judäa hundert Jahre nach Christus als Rachel und Levi ein wunderschönes Leben geteilt. Es hätte alles so schön sein können, wenn die Römer auf ihrer ständigen Suche nach Sklaven und Gladiatoren Levi nicht verschleppt hätten. Unsagbares Leid entstand bei beiden. Und was geschah mit diesem Leid? Leid ist auch nichts anderes als Energie und wird in Form gebracht und irgendwo in dieser riesigen Blume abgelegt. Und dort liegt es gut, es wird sozusagen aufbewahrt, denn nichts geht verloren, der Eigentümer kommt wieder, um es abzuholen (realer Scherz).

Ja, und nun sind diese Seelen als Lieschen und Paul wieder da. Das Gefühl des drohenden Verlustes reicht vollkommen aus, um die gleiche Schwingung scheinbar längst vergangener und vergessener Ereignisse zu reaktivieren. Nun vermischen sich diese Energien und vielleicht noch weitere alte Ereignisse. Der Schmerz ist, obwohl das Ereignis im Heute noch harmlos ist, sofort in voller Blüte, da die alte Information ja schwingt wie zur Römerzeit. Lieschens Verstand weiß das nicht, und so gerät sie völlig außer Kontrolle, wird hysterisch, rast ins Krankenhaus in der Ahnung, dass die geliebte Seele schon wieder verloren geht...

Dieses Beispiel ist nur ein Bild, das jedoch täglich tausendfach geschieht.

Und an diesem Schauspiel sind nicht nur Lieschen und Paul beteiligt. Nein, vielleicht auch der Römer, der Levi entführte, denn er ist heute

der Stationsarzt auf der Intensivstation. Lieschen schreit ihn an: „Was haben Sie mit meinem Opi gemacht?". Er dreht sich um zu seinem Pfleger (damals der Scherge Flavius) und fragt: „Spinnt die?"
Nur langsam kommt Lieschen zu sich als sie sieht, dass Paul entspannt im Bett liegt und ihr winkt.
Jedes Ereignis in dieser unendlichen Blume ist relevant, alles ist existent und schwingt. Sobald Lieschen sich mit ihren Ängsten zum Thema Loslassen, Verlust, etc. befasst und diese mit irgendeiner wirksamen Hilfe löst, wird eine Energie in dieser riesigen Blume gelöst und ersetzt durch „gleichstarke" Energien. Lieschen hat nämlich genug davon, jedes Mal zu leiden wenn etwas Derartiges geschieht. Sie begibt sich in ein Zenkloster und lernt dort durch achtsamen Umgang mit sich und ihrem Umfeld, in Meditation alles zu lösen und zu klären, was nicht mehr ihrem Bewusstsein entspricht... Alte Ängste werden nun abgelöst durch inneren Frieden, Ruhe, Vertrauen, Freude, Loslassen können und vieles mehr.
Ihre eigenen Energiekörper, ihre Blume, aber auch ihre Verbindungen im ‚alles in allem' werden immer lichtvoller, Altes und Schweres wird losgelassen.
Es ist und bleibt eine riesige Entdeckungsreise...
Liebe und lebe sie!
Ein unglaublicher Abenteuerfilm, betrachte ihn und spiele mit, statt dauernd hin und her zu schalten!

Gleich nach meinem "Geständnis" wolltest du wissen:
„Was ist es, warum legst du mir dein Herz zu Füßen?"
Ich konnte dir keine klare Auskunft geben:
„Deine Augen, deine Stimme, der Gesamteindruck eben!"
In schlaflosen Nächten hab ich mich selbst oft gefragt,
wie mir geschieht, warum mich kein Gewissen plagt.
Ich habe so oft darüber nachgedacht,
und es heute endlich auf den Punkt gebracht.

Deine Augen...
funkeln wie leuchtende Sterne.
Sie erzählen Geschichten aus weiter Ferne,
erzählen Geschichten aus vergangenen Tagen,
als könnten sie auf alles eine Antwort mir sagen.
Wenn ich dir tief in die Augen schaue,
fühle ich einfach : Ich kann dir vertrauen.
Im Spiegel deiner Augen kann ich mich selbst erkennen,
als würden sie mich mit einem anderen Namen benennen...
Schaust du mich an, ist dein Blick rein und klar,
und es liegt etwas darin, das vorher anders war...
Im Labyrinth deiner Augen kann ich mich verirren,
und lächelst du, beginnen meine Sinne zu schwirren.

Deine Lippen...
haben mich sofort zum Küssen gereizt.
Doch als ich es tat, hast du mit Küssen gegeizt.
Beim Kuss blieben deine Lippen geschlossen,
und dennoch ist mein Herz übergeflossen.
Vielleicht willst du uns beide beschützen.
Vor einer Dummheit? Vor Leidenschaft?
Was kann das nützen ?
Ich liebe dich dafür wirklich sehr:
Deine Tugend, deine Treue -
ich will gar nicht mehr.

Ich mag deinen Geruch, diesen besonderen Duft,
der Erinnerungen und Sehnsüchte in mir wachruft.
Bin ich dir nah, bin ich nicht schwach, und nicht klein,
nur ein Wort trifft es; ich bin DAHEIM.
Ich bin zu Hause, geschützt und geborgen,
ganz bei mir selbst, ohne gestern, ohne morgen,
ganz Kind und ganz Frau, ganz ich und ganz frei -
tiefe Gefühle - keine Liebelei.
Deine Nähe weckt versteckte Talente in mir -
glücklich machende Veränderungen - ausgelöst von dir.

Du bist eine Bereicherung für mein gesamtes Leben,
und zu gerne möchte ich von meinem Glück dir abgeben.
Du bist mir fremd und doch so vertraut,
der Klang deiner Stimme geht mir unter die Haut.
Es gibt so viel Neues mit dir zu entdecken -
und alte Wunden, an denen wir beide noch lecken.
Ich habe dieses Leben noch nie so sehr genossen,
noch nie so viele befreiende Tränen vergossen,
noch nie mit so viel Freude und Leichtigkeit gelebt,
Ballast abgeworfen - was starr ist und klebt.
Das alles seit der ersten Begegnung mit dir -
es kam einfach so - aber es kam mit dir.

Du bist mein ältester, bester und wahrer Freund.
Es sind noch hunderte Eindrücke, die zu erzählen ich versäumt...
Aber das, was du hier liest, solltest du wissen,
denn aus diesen Gründen
liegt mein Herz dir zu Füßen.

(Ode an einen Zwilling, H.S.)

Die Blume des Lebens

Mehrdimensional betrachtet können sich diejenigen, die sich schon länger mit der Blume des Lebens befassen, ansatzweise vorstellen wie viel Information in ihr steckt. Alles von Anbeginn bis heute. Alles ist im ständigen Fluss. Auflösen und Loslassen, Erschaffen und Schöpfen, Vergessen und Entdecken... Unermesslich – so wie Gott eben ist.
An dieser Stelle, an der die Energie im „Kleinen" und im „Großen" betrachtet wird, bietet es sich an, die Kosmischen Gesetze zu betrachten. Da ich versuche in meinen Ausführungen Zusammenhänge so darzustellen, dass jeder Leser Hilfestellungen für sein Leben im Hier und Jetzt erhalten kann, gehören die Kosmischen Gesetze als weitere Hilfestellung dazu. Ich habe beim ersten Hören dieses Begriffes die Nase gerümpft. Gesetze, häh?
Doch lehrt einen die Zeit, nein die Erfahrung, dass es Gesetzmäßigkeiten gibt, auf denen alles basiert und vieles erklärbar wird.

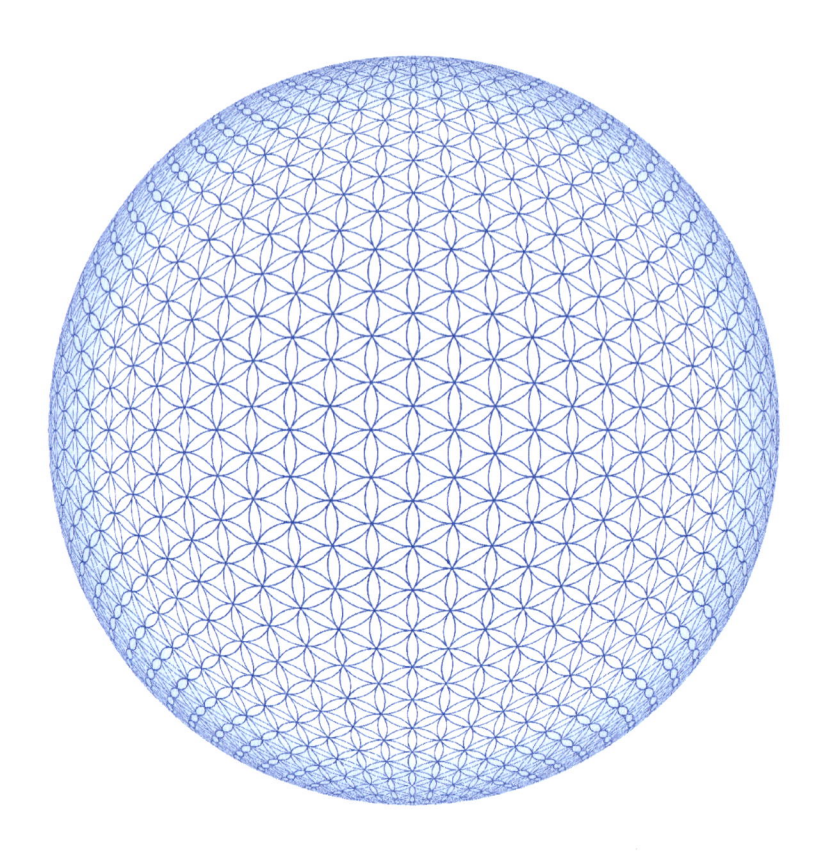

*„Unsere Bestimmung ist,
die Gegensätze richtig zu erkennen,
erstens nämlich als Gegensätze,
dann aber als Pole einer Einheit."*

(Hermann Hesse)

Die sieben Kosmischen Gesetze bzw. Prinzipien oder auch Hermetische Gesetze

(nach Hermes Trismegistos)

1. Das Prinzip des Geistes

Alles ist Geist. Die Quelle des Lebens ist unendlicher Schöpfergeist. Die Schöpfung ist mental. Unsere Erscheinungswelt oder das Universum ist nichts anderes als eine mentale Schöpfung des Alls. Das Universum als Ganzes, in all seinen Teilen und mit allen Einzelwesen und Erscheinungen existiert im Geist des Alls. In diesem Geist leben wir, bewegen wir uns und haben wir unser Sein.

2. Das Prinzip der Entsprechung

Wie oben - so unten, wie unten - so oben. Wie innen - so außen, wie außen - so innen. Wie im Großen - so im Kleinen.
Frieden entsteht im Außen nur, wenn er im Innen ist, Ruhe entsteht im Außen nur, wenn sie im Innen ist, und so weiter. Wie du innerlich bist, so erlebst du deine Außenwelt. In der Außenwelt erkennst du dich selbst. Wenn du etwas in dir veränderst - in Einstellungen und Betrachtungsweisen - verändert sich auch dein Umfeld. Versuchst du ständig ohne wirklichen Erfolg, Ordnung im Außen zu schaffen herrscht im Innen Unordnung.

3. Das Prinzip der Schwingung

Alles fließt hinein und wieder hinaus. Alles besitzt seine Gezeiten. Alles steigt und fällt. Alles ist Schwingung. Dieses Prinzip enthält die Wahrheit, dass „alles in Bewegung ist", nichts ist so beständig wie der Wandel. Vom All bis zu den gröbsten Formen der Materie, den Steinen und Mineralien, ist alles in Schwingung.
Wer sein Leben genau und achtsam betrachtet, erlebt das Veränderungen dadurch geschehen, dass Dinge unterschiedlich schwingen. Bei gleicher Schwingung entwickeln sich Menschen oft harmonisch

und schnell weiter, bei ungleicher Schwingung entwickeln sie sich im Unharmonischen. Es entsteht Unruhe, man könnte es Energie-/Schwingungsstau nennen. Konflikte können entstehen oder aber auch nur die Entfremdung zweier Personen.

4. Das Prinzip der Polarität

„ALLES" hat immer zwei Pole, wie z. B. hell und dunkel, heiß und kalt, laut und leise.
Die Gegensätze sind aber nur extreme Grade ein und derselben Sache. Gleiches zieht Gleiches an und wird durch Gleiches verstärkt. Ungleiches stößt einander ab.
Wir erleben es jeden Moment unseres Seins. Wir ziehen immer das an, was uns, was unseren Schwingungen, unseren Wünschen und Absichten entspricht. Selbstverständlich stoßen wir genauso auch Dinge ab.

5. Das Prinzip des Rhythmus

„ALLES" fließt in einem ewigen Zyklus (Rhythmus). Nichts bleibt so wie es ist - alles ändert sich. Alle Erscheinungen unterliegen einem Kreislauf von beständigem auf und ab. Rhythmus ist, dass sich alles in gleicher Weise wiederholt: die Jahreszeiten, Tag und Nacht, Leben und Tod und Wiedergeburt.

6. Das Prinzip von Ursache und Wirkung

„ALLES" - was existiert - hat eine Ursache.
Dieses Prinzip enthält die Wahrheit, dass jede Wirkung ihre Ursache hat, dass jede Ursache eine Wirkung hervorbringt, die wiederum Ursache für eine neue Wirkung ist. Die Wirkung entspricht der Ursache in Qualität und Quantität. Gleiches muss Gleiches erzeugen. Aktion = Reaktion. Jeder Gedanke, jedes Gefühl, jede Tat ist eine Ursache, die eine Wirkung hat. Es gibt also keine Sünde, keine Schuld, keinen glücklichen Zufall und kein unglückliches Schicksal, sondern nur URSACHE und WIRKUNG.

7. Das Prinzip der Geschlechtlichkeit (Sexualität)

Geschlecht ist in allem; alles hat sein männliches und sein weibliches Prinzip in sich; Geschlecht offenbart sich auf allen Plänen. Dieses Prinzip enthält die Wahrheit, dass sich in allem eine männliche und gleichzeitig eine weibliche Seite zeigen.
In der chinesischen Philosophie wird es das Prinzip von Yin und Yang genannt.

Wir kennen Gesetze zur Genüge. Doch diese Gesetze haben letztlich immer auch einschränkende, regelnde Bedeutungen. Die Hermetischen Gesetze jedoch sind für mich der Ausdruck allen Lebens, Gesetze der Chance! Warum?
Nun, weil sie, sobald wir sie voll und ganz verinnerlicht haben, einen vollständig umsetzbaren Werkzeugkoffer für den Weg zum EinsSein bilden. Wem das zu abgedreht oder hoch ist, der kann diesen Werkzeugkoffer auch zum Glücklichsein nutzen oder einfach nur zum Leben.
In meinem ersten Buch „Die verborgene Wahrheit" habe ich mein Leben als Kopfmensch beschrieben. Meinen Kopf kann ich vollständig ablegen, wenn ich nach diesen Gesetzmäßigkeiten lebe:
Denn alles ist Geist (1.Gesetz), aus diesem Geist entsteht alles, dorthin kehrt alles zurück – ohne dass wir uns „einen Kopf" machen. Letztlich wäre es sogar gut, dass wir uns „weniger Kopf" machen würden, denn der Geist ist das, was die Materie erschafft. Jeder Gedanke ist Energie, erschafft Materie. Und wie viele destruktive Gedanken setzen wir in die Welt, was erschaffen wir mit diesen Energien? Also: „Betrachte jeden Gedanken bevor er entsteht, er kann zerstörerisch wirken!"
Ein Mensch aus meinem nahen Umfeld reinigt und saugt nahezu täglich seine Wohnung. Irgendwann kam mir der spontane Gedanke: „Es wird im außen weggesaugt, was im innen in der Unordnung ist."
Mancher einer regt sich über die Ungerechtigkeit der Politik auf – worauf ist wohl die Ungerechtigkeit, die in seinem Inneren wohnt zurückzuführen – auf das Immer-Schuld-Sein oder dass es der Familie schlechter geht als der Nachbarfamilie?

Es ist schrecklich, dass sich zwei Völker in Afrika bekriegen – doch lebt nicht in mir auch der Krieg in der eigenen Familie? (2. Gesetz)

Es gibt nie Stillstand, auch wenn wir nahezu drei Jahrzehnte Ruhe und Stillstand erlebten. Doch spätestens seit dem Jahrtausendwechsel wandelt sich alles rasant. Die Frequenzen steigen, schwingen immer schneller (3. Gesetz). Heute ist nichts wie gestern, und morgen ist das nicht mehr, was heute war. Doch jeder hat einen großen Einfluss darauf, wie sich alles entwickelt.

Dass sich alles in zwei Seiten zeigt, oder in von uns wahrgenommenen zwei gegensätzlichen Energien (4. Gesetz), ist Voraussetzung aller Erfahrungen.
Wie sagt Gott in Donald Walsh's Buch der kleinen Seele: „Wie willst du Licht erkennen, wenn du nicht in die Dunkelheit gehst?" So hat alles begonnen. Ich erlebe immer wieder, dass Menschen wahrnehmen, dass eine polare Energie nur in der Illusion existiert. So geschieht es durchaus, dass die Angst vor einem bestimmten Tier gelöst wird und stattdessen die Liebe zur Schöpfung spürbar wird (Angst und Liebe – „polare Gegenstücke"). Wir müssen also nicht hadern, weil unser Leben uns manchmal so schwerfällt. Wir waren maßgeblich beteiligt an diesem aufgeräumten Chaos!
Ich bin oft provokativ und sage meinen Klienten: „Du hast es dir doch so ausgesucht." Ich bin davon überzeugt, dass viele Seelen aktuell daran wirken, die Energien zum EinsSein zu führen, also in einem Prozess die Polarität wieder in die Einheit kommen zu lassen.

Nichts ist im Stillstand, alles fließt und zwar immer schneller und doch im Rhythmus (5. Gesetz). Und letztlich stimmt es auch nicht, dass es immer schneller fließt, denn dies ist eine weitere Illusion, die Illusion der Zeit. Schaffen wir es nämlich, bewusst und achtsam mit allem was ist umzugehen, verliert die Zeit an Bedeutung. Ich erlebe immer mehr Tage, Situationen, Begebenheiten, in denen scheinbar unendlich vieles geschehen kann, ohne dass Zeit eine Rolle spielt.
Restlos alles Erlebbare hat seine Ursache (6. Gesetz). Träume weiter

vom Zufall, er ist nur das, was du nicht erklären kannst. Ich unterlasse es hier, dieses Gesetz zu erläutern, dazu gibt es meine Bücher „Die verborgene Wahrheit - Rückführung als spiritueller Neubeginn" und „Angst und Liebe; Trauer und Freude; Verzweiflung und Hoffnung. Nun erkenne, wer du wirklich bist"
Lass dich darauf ein, die Dinge die dir begegnen, auf ihre Ursache zu untersuchen - es ist spannend. Und das Klären ist aufregend und sehr heilsam!

Ich hatte früher nicht damit gerechnet, das männliche und weibliche Prinzip in mir zu tragen (7. Gesetz). Und wie bei allen anderen Dingen ist es wichtig, diese beiden Energien auszugleichen, Verletzungen zu heilen. Der Seelenzwilling taucht oft genau deshalb, vor allem in den Partnerbeziehungen, auf. Der Zwilling zeigt dir gnadenlos wo Misshandlungen vorliegen, wo Machogehabe vorliegt, Ohnmacht oder Macht existiert.

Betrachte dir die Hermetischen Gesetze, sie können unglaublich hilfreich sein. Viel Erfolg!

„Das Ganze ist in jedem Teil anwesend,
auf jeder Ebene der Existenz.
Die lebendige Wirklichkeit,
total, ungebrochen und ungeteilt,
befindet sich in uns allen."

(Physiker David Bohm - „Gott ist überall"):

Protokolle aus Rückführungssitzungen

Im Zeitfenster 2011 bis heute habe ich deutlich mehr als einhundert Sitzungen mit Klienten durchgeführt, in welchen das EinsSein, Seelenpartner, Zwillingsseelen und ähnliche Themen eine zentrale Bedeutung hatten. Nachfolgend sind einige dieser Sitzungen abgebildet. Es würde letztlich den Rahmen sprengen, Abläufe, alle Begrifflichkeiten und so weiter, einer Rückführung detailliert zu beschreiben. Deshalb folgt an dieser Stelle nur ein kurzer Abriss:
In einer Tiefenentspannung wird der Klient entsprechend seines Themas, Problems, Wunsches in die Situationen seiner Vergangenheit geführt, die ursächlich für das Mitgebrachte sind. Die Situationen können aus der Kindheit, der Schwangerschaft oder auch aus früheren Leben stammen. Nicht selten hat der Klient während einer Sitzung Kontakt mit anderen Seelen, Verstorbenen, Engeln, Meistern und anderen Wesen. Geht eine Situation über ein Leben hinaus, wird oft auch das Leben zwischen den Leben betrachtet. Rückführer sprechen dabei von der Licht- oder Zwischenebene. Hier ist es oft möglich, intensive Transformationen zu bewirken, in der sogenannten Akasha-Chronik Veränderungen durchzuführen und intensive Heilprozesse anzustoßen. Diese Transformations- und Heilprozesse sind selbstverständlich auch in allen anderen Sitzungen möglich. Mehr dazu findest du in meinen ersten Büchern und auf meiner Website.

I
Frau M. ist etwa 50 Jahre alt. Sie kommt zu ihrer zweiten Rückführungssitzung. Themen in der ersten Sitzung waren körperliche Beschwerden (Rückenleiden), familiäre Themen (Verhältnis zur Mutter) und eine Besetzung (die Seele des Vaters konnte endlich ins Licht geführt werden). Das Zwillingsseelenthema spielte keine Rolle.
Ihre zweite Sitzung:
Die Klientin teilt mir im Vorgespräch mit, dass sie nach heftigen Rückenschmerzen über Jahre hin, nach der 1. Sitzung beschwerdefrei sei, sie kann sich endlich für schöne Dinge entscheiden und hat sich beispielsweise wider alle Vernunft ein „Spaßauto" gekauft. Ihr Verhältnis zur

Mutter hat sich verbessert, einiges ist einfacher, klarer und deutlicher, das Leben hat sich verändert!
Während bereits ihre erste Sitzung unglaublich viele Bilder zeigte, wird auch die zweite Sitzung ähnlich vielfältig. Ihr Hauptthema ist die aktuelle Beziehung, die man mit der Überschrift Hassliebe beschreiben könnte.
Ich führe die Klientin in das Haus der Beziehungen. Dort steigt sie nicht sofort in Lebenssituationen ein, sondern begegnet zuerst einigen „Personen".
Sie ist total verblüfft, als sie nach ihrem Vater und ihrem Schutzengel auf einen bekannten indischen Meister trifft. Er teilt ihr während seiner Begleitung einige Dinge zu ihren Lebensaufgaben, zur Weisheit und zur Erkenntnis mit.
Deutlich wird dabei, dass der jetzige Lebensgefährte, zu dem es eine intensive Hassliebe seit vielen Jahren gibt, ihre Zwillingsseele ist und das beide, beziehungsweise ihre Liebe, durch ein Karma belastet sind. So steigen wir genau in diesen Sachverhalt, der karmischen Verstrickung, ein.
Im Indien Anfang des vergangenen Jahrhunderts erlebt sie, dass sie in eben diesen Mann/diese Seele sehr verliebt ist. Verbundenheit und Vertrautheit sind sehr tief und intensiv. Ein sehr dominanter Onkel, der Bruder ihrer Mutter, verbietet diese Verbindung, was eine sehr intensive Wut in der jungen Frau auslöst. „Ich könnte ihn erschlagen, ich hasse ihn", sagt sie völlig aufgebracht. Nun sieht sie alle drei in einer sehr emotionalen Situation an einem großen Fluss stehen, der Onkel unterbindet dabei jegliche Annäherung. Erst als die Mutter der jungen Frau hinzukommt, ändert sich die Situation.
Die Mutter (ist auch im jetzigen Leben ihre Mutter) erklärt, dass sie in einem unehelichen Verhältnis eben diesen Mann als Jungen empfangen und geboren hat. Der Ehemann wusste von diesem Verhältnis, hatte aber nie etwas dazu gesagt. Vater des jungen Mannes ist der Onkel (heutiger Lebensgefährte der Mutter), was die Situation zusätzlich verschärft. Dieser Onkel hatte fortan die Mutter erpresst, sodass das Geheimnis nie offenbar wurde.
Die nächste Situation zeigt das Gespräch der beiden Liebenden.

Beiden ist klar, dass diese Liebe sehr tief und außergewöhnlich ist. Er erklärt ihr, dass sie auf ihr Herz hören soll, sie weit weg gehen könnten, „nur die Liebe zählt".

Doch sie hat Angst. Angst vor den Menschen, vor der Entdeckung, vor Inzestvorwürfen, kranken Kindern, die bekanntlich aus Inzestverbindungen entstehen sollen und so weiter. So überwiegt der Verstand bei der Entscheidung: „Nein, das geht nicht".

Die Klientin spürt in diesem Moment sehr genau, dass ihr Herz eine völlig andere Sprache spricht und mit ihrem Herzallerliebsten gehen möchte. Und sie spürt, dass sich „der Innere Entscheider" vom Herzen in den Kopf bewegt. Und in diesem Moment sieht sie nicht mehr die Träume ihrer Seele, nein, sie sieht nur noch die möglichen Folgen, die durch ihre Ängste geschaffen werden. Diese Ängste wurden genährt durch die Menschen im außen, Mutter und Onkel. Und wie ferngesteuert teilt sie ihm mit, dass sie nicht mit ihm gehen kann.

Nachdem er nun tief verletzt und enttäuscht von dannen zieht, bleibt sie in tiefer Trauer, Todesleere und Sinnlosigkeit zurück.

Zurück im sehr lichtvollen Raum der Beziehungen, wird mit den Helfern reflektiert.

Die Klientin war traurig, einsam und verlassen gestorben und hatte sich nach diesem Leben auf der Licht-Zwischenebene vier Ausgleichsleben (sprich Karma) gewählt. Die Seele tut dies, weil sie Lernaufgaben nicht verstanden oder gelöst hat oder am Ziel vorbeigelebt hat. Der Grund für dieses Karma war, dass sie auf ihr Herz hören wollte, aber mit dem Verstand entschieden hatte. Diese Entscheidung hatte sowohl bei ihrem Geliebten wie auch bei ihr selbst viel Leid und Schmerz ausgelöst. Außerdem bindet die beiden ein Seelenvertrag aneinander. So hatte sie am Ende des Lebens Folgendes ausgesprochen: „Ich will dich nie wieder alleine lassen und ich will dich nie wieder so verletzen."

Der Hüter ihrer Akasha-Chronik („Lebensbuch") löst beides auf und entfernt eine schwere und sehr intensive Energie in ihrer Brust, die Wut. Diese Energie/das Wut-Elemental hatte ich schon vor der Sitzung gespürt.

Das Karma hat die Liebe der beiden im heutigen Leben sehr belastet, jetzt wird vieles freier sein. Die Liebe der beiden Zwillingsseelen kann sich nun möglicherweise freier entwickeln, oder aber die Möglichkeit, freie Entscheidungen zulassen.

Du und ich, wir sind eins.
Ich kann dir nicht wehtun,
ohne mich zu verletzen.

(Mahatma Gandhi)

II
Herr H. hat eine bewegende Lebensgeschichte. In zwei Stunden Vorgespräch beschreibt er ein Leben, in dem viele Menschen besondere Bedeutung hatten und haben.
Seine Partnerschaft zeigt eine „normale" Beziehung, die sozusagen in die Jahre gekommen ist. Wie so oft sind dabei Gefühl, Nähe und die intensive Kommunikation etwas abgeflacht. Er hat vor etwa einem Jahr eine Frau kennengelernt, die alles bis dato Erlebte auf den Kopf stellte. Gefühle, die er nie kannte, der Blick in die Augen, Emotionen... alles sei absolut ohne Vergleich. All das, was er in seiner Ehe, die ihm sehr wichtig sei, bisher vermisst hatte, entdeckte er hier, und zwar in einer unglaublichen Tiefe. Dennoch will er diese Beziehung beenden. Doch über die letzten Monate haben er und seine Geliebte dies mehrfach ohne dauerhaften Erfolg versucht.
Er steigt bereits zu Beginn der Sitzung in einen intensiven Austausch mit mehreren geistigen Helfern ein. Christus und Aengus geben ihm dabei Klarheit über das Zusammentreffen mit seinem Seelenzwilling.
Er erlebt die Situation eines früheren Lebens. In einer Kirche durchlebt er dramatische Emotionen der Trauer, er hat seine über alles geliebte Frau (die Geliebte im heutigen Leben) verloren.
Diese ist bereits in der Schwangerschaft mit ihrem ersten gemeinsamen

Kind gestorben. Bis ins Detail schildert er die tiefe Trauer, viele Tränen fließen. Der Bauch zeigt gleiche Schmerzen wie im Hier und Heute bei traurigen Begebenheiten. Er kann die Verstorbene kaum loslassen und schließt außerdem noch einige Seelenverträge wie: „Ich will niemals ohne dich sein, ich werde dich in Ewigkeit lieben" ab.

Auf der Zwischenebene kann dieser Schmerz, die Trauer mit den begleitenden körperlichen Beschwerden aus den Energiekörpern gelöst werden. Auch die Verträge werden gelöst.

Außerdem arbeiten wir noch intensiv mit dem Inneren Kind sowie den weiblichen und männlichen Anteilen. Heilung und Integration derselben lassen den Klienten das Gefühl des Eins- und Ganz-Seins spüren. Eine ergreifende und sehr heilsame Sitzung!

Nun wurden Erd' und Himmel eins.
Ich seh in Farben gleichen Scheins
die Wald- und Wolkenbreiten
sanft ineinandergleiten
in Tönen violetten Scheins.
Wie wurden Erd und Himmel eins!
die sonst getrennte Erde
trägt himmlische Gebärde.

(Karl Ernst Knodt um 1900)

III

Frau T. taucht als sehr taffe, lebensfrohe Klientin bei mir auf. Partnerschaft, Beruf und Kinder hat sie im Griff seit sie weiß, was sie will und dies auch lebt. Das war nicht immer so. Schwere Zeiten in Traurigkeit und Depression liegen hinter ihr.

Sie steigt in ein Leben ein, in dem sie in einem kleinen Bauernhaus mit sechzehn Jahren an einer Spindel sitzt und tieftraurig ist. Sie ist unglücklich verliebt. Ich lasse sie in die auslösende Situation gehen. Hier stellt sich heraus, dass sie einem älteren Mann begegnet ist, der sehr weise ist und mittellos durch die Lande zieht. Seine Aufgabe ist es, den Menschen „die Wahrheit" zu bringen. Sie weiß sofort: „Das ist meine zweite Hälfte". Sie schaut ihm in die Augen und sieht nur sich! Tiefste Liebe ist spürbar, man ist einfach nur vollständig und EINS. Fortan trifft sie diesen Mann immer wieder und hört ihm bei seinen Ausführungen über das Leben, die Welt, das Universum und so weiter begeistert zu. Er ist völlig anders als alle ihr bekannten Menschen. Sie ist unglaublich fasziniert, froh und glücklich.

Doch das soll sich schnell ändern, denn ihre Mutter verbietet das Zusammensein mit diesem Mann. Trotz ihrer Armut zahlt die Mutter diesem Mann eine Summe Geld, damit er geht. Das Drama des Verlustes, das Getrenntsein, das Ablösen eines Teils von ihr, lösen tiefe Traurigkeit und Schmerz aus. Sie spürt diesen Verlust intensiv an ihrem Herzen, aber auch am gesamten Körper. Sie macht sich Vorwürfe. nicht genug gekämpft zu haben, es nicht wert zu sein, dass er dableibt. So entstehen Glaubenssätze wie: „Ich bin es nicht wert, geliebt zu werden, den Menschen zu lieben, der zu mir gehört." Sie gibt in diesem tiefen Schmerz einige Seelenanteile ab, um das Leid besser ertragen zu können. Anteile der Liebe, der Freude, der Leichtigkeit, der Lebensfreude, des Vertrauens werden so beispielsweise abgespalten und fehlen der Klientin fortan. Aber auch Karma entsteht, weil beide nicht auf ihr Herz gehört haben. Auf der geistigen Ebene vereinbaren sie sieben Ausgleichsleben zu den gleichen Lebensthemen.

Im heutigen Leben gibt es viele Parallelen, Traurigkeiten und Depressionen, Herzschmerz und Ausweglosigkeit, Unvollständigsein, all das hat sie in der Vergangenheit intensiv gespürt. Nun ist sie erwacht und weiß, dass es zum großen Spiel gehört, sich mit all diesen Dingen auseinanderzusetzen. Sie hat ihren Platz für den Moment, für den jetzigen Lebensabschnitt, und der ist bei ihrem Partner und ihren Kindern. Aber es ist auch klar, dass das Leben alle Überraschungen bringen kann. Alles entwickelt sich und solange diese Entwicklungen auf gleicher Ebene stattfinden, passt es, ansonsten verändert sich alles.

Vom Seelenpartner, der ihr auch im jetzigen Leben begegnet ist, fühlt sie sich weit entfernt, da der energetische Abstand groß ist. Als er ihr vor Jahren begegnete, spürte sie die besondere Bedeutung (Schwingung), entschied sich jedoch gegen eine weitere Vertiefung im Heute. Aengus und ein weiteres Geistwesen sowie ihr Schutzengel, sichern ihr intensive und tatkräftige Hilfe zu. Aengus teilt der Klientin mit, dass sie und ihr Zwilling alle Leben (siebenhundert) gemeinsam geführt haben! Der Hüter der Akasha-Chronik löst Verträge und Karma auf und lässt die verlorenen Energien/Seelenanteile zu ihr zurückfließen.

Die Klientin verlässt mich mit bester Laune nach einer sehr intensiven und mutmachenden Sitzung. Da sie Kontakt gehalten hat, weiß ich, dass sie ihr Leben in die Hand genommen hat und ihr Zwilling im aktuellen Leben weiterhin keine besondere Bedeutung hat.

In dem Augenblick, in dem man sich endgültig einer Aufgabe verschreibt, bewegt sich die Vorsehung auch. Alle möglichen Dinge, die sonst nie geschehen wären, geschehen, um einem zu helfen. Ein ganzer Strom von Ereignissen wird in Gang gesetzt durch die Entscheidung, und er sorgt zu den eigenen Gunsten für zahlreiche unvorhergesehene Zufälle, Begegnungen und materielle Hilfen, die sich kein Mensch je so erträumt haben könnte. Was immer du kannst, ob groß oder klein, beginne es. Kühnheit trägt Genius, Macht und Magie. Beginne jetzt!
(Johann Wolfgang von Goethe)

IV

Frau S. hat viele Themen mitgebracht. Schwierig gestalteten sich der Umgang mit dem Tod der Eltern, bereits vor Jahren, vor allem das Loslassen des Vaters und die Beziehung zu verschiedenen Menschen, vor allem ihrem Partner.

Sie steigt in ein früheres Leben als Gutsherrin ein. Sie hat viel Besitz, dabei lässt sie ihren Angestellten, so weit wie möglich, die absolute Freiheit. Sie scheint eine sehr gute Herrin zu sein.

Sie erlebt, wie sie ein sechsjähriges Mädchen aufnimmt. Ihre Eltern haben es in ihrer Armut abgegeben, damit es Magd wird. Die Gutsherrin will sich persönlich um das Kind kümmern und gibt es in die Obhut der Hausangestellten.

Der Klientin ist klar, dass dieses Kind letztlich die Dinge erlebt, die es selbst gewählt hat, eben das Magd-Sein. Dennoch spürt sie, dass sie als Gutsherrin das Kind irgendwie vergessen hatte. Das „Sich-kümmern-wollen" war völlig aus dem Blick geraten.

So erlebt sie viele Situationen mit der Magd als Kind und Erwachsene. Diese unterstützte die Gutsherrin beispielsweise beim Speiseanreichen in der Krankheit bis hin zu ihrer Sterbephase. Nun erlebt die Klientin die Magd sehr traurig und völlig verschlossen. Sie hat Heimweh und darf dennoch nicht in die Freiheit, sie ist halt Magd.

Die Klientin erlebt ihr Sterben als friedvoll, kann jedoch nicht direkt ins Licht gehen. Sie bleibt zuerst einmal erdgebunden und betrachtet, was aus Haus, Eigentum und den Menschen wird. Sie benötigt diese Sicherheit, um in Frieden zu gehen. Alles wird gut, die Eigentümer wechseln, und sie kann irgendwann in Ruhe loslassen. Sie hat dabei vom Moment des Sterbens an immer eine kraftvolle Energie an ihrer Seite, den Engel des Wandels. Und sie weiß, dass er auch im Heute oft ihr Begleiter und Unterstützer ist.

Auf der Zwischenebene werden viele Glaubenssätze gelöst und losgelassen. Thema dabei waren vor allem „das Nicht-annehmen der eigenen Macht, das Nicht-kümmern um den anderen, die fehlende Freiheit."

Die wichtigste Lebensaufgabe, sich um die Menschen zu kümmern, ohne sie einzuschränken, hat sie geschafft, sie einfach sein zu lassen.

Während der Sitzung tauchen immer wieder einseitige Beschwerden, mal an der linken, mal an der rechten Seite auf.
Wir schauen uns nun ihre männlichen und weiblichen Anteile an. Eine sehr intensive und zeitaufwendige Analyse von Verletzungen, Kränkungen und vielen schmerzhaften Erfahrungen folgt:
Die männlichen Anteile/Energien wurden durch vielfältige Erfahrungen aus Macht, Krieg und Schlachten, Mord und Totschlag sehr intensiv geprägt, verletzt und dazu gebracht, dass sich der Innere Mann selbst hasst. Auch das, was er der weiblichen Energie zugefügt hat, ist im Moment des Erlebens sehr schmerzhaft. „Was habe ich gemacht?", fragt die Klientin.
Die weibliche Energie ist zutiefst verletzt, nicht anerkannt und kann ihre Weiblichkeit nicht mehr ertragen. Sie sieht doch lieber das Knabenhafte an sich.
Auf dieser „Spielwiese" tauchen nun auch noch Vater und Mutter des jetzigen Lebens auf. Auch hier gibt es viel zu lösen und zu heilen. In all diesen Betrachtungen und Erfahrungen ist der Engel des Wandels aktiv und lässt Heilung in die Situationen fließen.
Als Nächstes taucht die Magd zum intensiven Austausch auf. Und nun weiß die Klientin sofort, „das ist mein heutiger Lebensgefährte, mein Seelenzwilling." Und sie weiß: Beide hatten viele gemeinsame Inkarnationen. Dabei gab es die Erfahrung der gemeinsamen Partnerschaft jetzt zum ersten Mal. Offensichtlich war bisher die Akzeptanz des Männlichen nicht möglich, des männlichen Partners. Doch nun kann sich dies ändern, das „Verschieben vom Freund zum Partner".
Die in einer Lichtsäule verschmelzenden inneren Anteile können integriert werden und nehmen ihre Plätze rechts und links ein.
Eine sehr intensive Sitzung, in der auch deutlich wird, dass für den Zwilling in einer anderen Konstellation kaum Platz gewesen wäre. Sie war definitiv nicht so weit mit ihm auf unverletzter, entspannter Ebene zu Sein.

Es gibt Freundschaften, die im Himmel beschlossen und auf Erden vollzogen werden.

(Mattias Claudius)

V

Eine meiner Kolleginnen erlebt sich in einer Sitzung als Gutsbesitzer Sixtus in einer römischen Provinz. Römische Soldaten tauchen auf und versuchen, trotz gezahlter Steuer, weiteres Getreide zu erpressen. Als Sixtus dies ablehnt, wird ihm das Getreide mit Gewalt abgenommen. Er protestiert weiter und nervt die Soldaten dermaßen, dass er nun als zusätzliche Beute vom Feld geraubt wird, und das obwohl er römischer Staatsbürger ist. Sein lautstarkes Protestieren bekommt ihm in dieser Situation nicht.

Der Weg in die nächstgrößere Stadt ist nun von schrecklicher Angst um seine Frau Aurelia geprägt. Er kann sich seine Dummheit nicht verzeihen, er hat alles aufs Spiel gesetzt. Und das, wo ihr Leben doch so harmonisch und glücklich war. Aber es nützt nichts, er hat sich in diese Situation manövriert, die Soldaten lassen nicht mehr mit sich reden.

Und so endet er als Gladiator in einer Arena. Er spürt eine solche Wut/einen solchen Hass, dass meine Klientin erstaunt ist über solche inneren Emotionen. Bereits bei der Vorbereitung zum Kampf kocht er, jedoch nicht wegen des Kampfes, sondern wegen der Ungerechtigkeit, die ihm die Soldaten angetan haben. Er erlebte ein so unglaubliches Glück mit seiner Frau, eine solche Freude, und sie machen alles kaputt. Doch auch mit sich selbst hadert er. Er hat es sich eingebrockt, hätte er bloß sein Maul gehalten.

Sixtus stirbt letztlich in der Arena als Gladiator, er hat jeglichen Lebensmut verloren. Er geht auf die Kampffläche und lässt sich beinahe kampflos umlegen.

Auf der Zwischenebene erklärt sich nun warum. Sixtus konnte den Verlust seiner über alles geliebten Frau Aurelia nicht verschmerzen, er verging quasi vor Trauer. Seine geistigen Helfer lösen die intensive Wut, den Hass, Energien, die sich bei der Klientin im Heute körperlich besonders in der Gebärmutter und im Hals verankert haben. Auf der Zwischenebene wartet der Seelenzwilling. Dieser hatte im damaligen Leben als Aurelia sein letztes Leben und ist jetzt ein wichtiger Helfer der Klientin. Diese verliert, während sie die Begegnung mit dem Zwilling erlebt, viele Tränen der Rührung, sie spürt das EinsSein der beiden, nichts fehlt!

Vielleicht bedeutet Lieben auch lernen, jemanden gehen zu lassen. Wissen, wann es Abschied nehmen heißt. Nicht zuzulassen, dass unsere Gefühle dem im Weg stehen, was am Ende wahrscheinlich besser ist für die, die wir lieben.

(aus „Der träumende Delphin", Sergio Bambaren)

VI

Frau T. macht selbst einiges an Energiearbeit, sie hat vieles geklärt, bleibt jedoch seit langer Zeit – wie sie es selbst ausdrückt – „an einigen Dingen stecken". Dabei fühlt sie sich blockiert durch vielfältige Ängste. Die Fragen: „Wer bin ich? Was ist mein Auftrag?", beschäftigen sie immer wieder. Aber auch das Loslassen, Tod und Trauer sind Themen, die sie begleiten. Kurz bevor wir loslegen weiß ich: „Hier fehlt noch etwas!". Ich zögere einen Moment und sie teilt, ohne dass ich nachfrage folgendes mit: „Ich erinnere mich, dass ich seit fünfzehn bis zwanzig Jahren aus unverständlichen Gründen aus einem glücklichen, lebensfrohen und „normalen" Leben herausgerissen wurde. Ich fiel in Traurigkeit, zog mich zurück und hatte keinen Spaß mehr an all den Dingen, die mir vorher wichtig waren...
Die Klientin hatte seit etwa 20 Jahren immer das Gefühl im falschen Körper zu sein.
Bereits in der Anfangssequenz zeigt sich, dass diese Sitzung einen besonderen Verlauf nehmen wird...
Ihr verstorbener Vater und die Seele eines prominenten Sportlers öffnen das Tor zur Vergangenheit. Sie hat nie etwas am Hut gehabt mit Sport, auch nicht mit diesem Menschen, der ihr hier begegnet. Dennoch erinnert sie sich, dass der Tod dieses Sportlers vor etwa zwanzig Jahren sie auf eine unglaubliche Weise berührt hatte. Verstanden hatte sie das nicht, nun folgt die „Entschlüsselung".
Sie sieht sich in der ersten Situation schwimmend bei einem spätmittel-

alterlichen Schloss. Hier hatten sie und die Seele des Sportlers ein gemeinsames Leben als Partner. Da es wohl nicht auf Inhalte dieses Lebens ankommt, gehen beide sofort auf die Zwischenebene, wo sich ein Austausch mit dem Engel des Wandels, Aengus und einem weiteren Helfer ergibt, sie teilen ihr Folgendes mit:
Sie und dieser Sportler sind Zwillingsseelen, sie waren immer zusammen, egal in welcher Form.
Der Sportler, der sich in der kurzen Anfangssequenz als sehr instabile, zerbrechliche Seele gezeigt hatte, erklärt ihr nun Folgendes: Seine Seele ist bei einem schweren Trauma, einem nicht vorhersehbaren Unfall verletzt worden. Die Hülle, die seine Seele eigentlich umhüllte, wurde beschädigt. Aus diesem Grund hat er sich nach dem Unfall um seine Zwillingsseele gelegt. Sie war sozusagen seine Auffangstation. Alles, was er im Moment erlebt hatte, das Trauma, der Schock, das Unfassbare brachte er mit zu seinem Zwilling, deshalb litt sie so sehr in den vergangenen Jahren.
Beide haben nun während der Sitzung eine so hochschwingende Energie, dass sie fast einem Lichtwesen, einem Engel gleichen. Die Klientin fühlt sich losgelöst, leicht und froh.
„Ich habe auf dich gewartet", sagt der Sportler.
Die Seele der Klientin wollte in diesem Leben das Leben lernen, die Lebensfreude, tanzen und reiten, in den Süden gehen, die Sonne genießen. Die Seele des Sportlers zieht es auch in den Süden: „Bring mich nach Hause", sagt er. Nun dürfen beide Seelenhälften sich verbinden, sie sind reif und verschmelzen zu einer Seele. Ein wunderschönes Gefühl, EinsSein, ankommen, zuhause sein. Erleichterung und Entspannung machen sich breit. Beide Seelen sind heil und Eins.
Der geistige Helfer Aengus teilt mit, dass alles zusammengeführt wird und dass viele Seelen das noch vor sich haben: „Etwas Neues beginnt".

Nachdem die Klientin am Ende der Sitzung mit vielen Heilenergien versorgt wird, verlässt sie als ein anderer Mensch meine Räume. Trauer und das Gefühl, im falschen Körper zu sein, haben sie verlassen. „Ich fühle mich ganz, Eins – und das ist sooooo schön".

Liebe muss nicht bitten, auch nicht fordern.
Liebe muss die Kraft haben, in sich selbst zur Gewissheit zu
kommen. Dann wird sie nicht mehr gezogen, sondern zieht.

(Hermann Hesse)

VII
Frau Z. hatte noch nie eine Rückführung, auch hat sie keine Meditationserfahrung. Dennoch taucht sie sehr schnell in eine Situation auf einem Schlachtfeld ein. Sie ist letztlich auf diesem Schlachtfeld gestorben, sieht sich regungslos dort liegen.
Ich lasse sie nun einige Monate in der Zeit zurückgehen. So erlebt sie, wie sie als junger Mann ein frohes, glückliches Leben mit seiner Frau (der Zwillingsseele) und 2 Kindern führt. Dieses Leben ist geprägt von tiefer Liebe, Lebensfreude und Harmonie. Doch dieses Glück ist nicht von langer Dauer.
In der nächsten Situation sieht sie sich als Soldat zusammen mit seiner Frau und den Kindern am Bahnhof stehen. Dem Soldaten ist klar, dass sie sich nicht mehr sehen werden, dass er nicht mehr zurückkehren wird. Er erlebt einen sehr intensiven Schmerz, Trennung, Verlust und Trauer sind überwältigend.
Zurück auf dem Schlachtfeld erlebt der Soldat diesen intensiven Schmerz auch im Moment des Sterbens. Er erlebt den Schmerz als Drama, die Gedanken an seine Lieben kreisen weiter in ihm, vor allem an seine Frau. Er kann diesen Verlust nicht einfach stehen lassen, er leidet. So geht er leidend in die Zwischenebene.
Dort trifft er viele Seelen, auch seine Frau und seine Kinder und kann langsam den Schmerz hinter sich lassen. Sein Schutzengel und Begleiter hilft ihm, zurückzuschauen und festzustellen, dass seine See-

le sich viele Leben gewählt hatte, in denen eine Energie, nämlich die des Leidens, die Hauptrolle spielte. Leiden ist für diese Seele so etwas wie die Seelenbestimmung, in allen Facetten will die Seele das Leiden begreifen.
Auf der geistigen Ebene weiß sie, dass sie Folgendes lernen will und kann:
Leid führt zur Freude, wenn man versteht, dass es letztlich kein Leid gibt. Es dient nur dazu, eine Erfahrung zu machen. Und sei es, sich selbst zu lieben.
So war Leid in allen Facetten immer wieder eine Lernaufgabe für diese Seele.
Die Seele hat oft die Möglichkeit, sich anders zu entscheiden. Entscheidet sie sich für das Mitgefühl statt für das Leid, verändert sich alles.
Viele Seelenanteile hatte sie in diesen Leben verloren und erhält sie beim Betrachten der Situationen zurück.
Seelenverträge mit den Kindern und seiner Frau im damaligen Leben werden aufgelöst.

Die Klientin weiß auf der geistigen Ebene ebenso wie nach der Sitzung: „Hier gibt es noch etwas zu tun."

Die Welt ist ein Spiegel,
aus dem jedem sein eigenes Gesicht entgegenblickt.

(William Makepeace Thackeray)

VIII

Die Klientin Frau C. hat viel unternommen, um mit der Begegnung, die ihr Leben auf den Kopf stellte, klarzukommen.

Sicher war auch sie vor dieser Begegnung auf ihrem Weg der Sinnsuche schon fortgeschritten, doch veränderte jene Begegnung vieles. Sie begegnete einem Mann, der vom Alter und auch vom Aussehen her alles andere als ihr Traummann war. Da er ihrem Umfeld entstammte, kannte sie ihn vorher bereits ein paar Jahre, doch kam DIE Begegnung erst etwas später zustande.

Während eines Gespräches führte der Blick in die Augen zu dem Gefühl, „vom Donner gerührt zu sein". Man näherte sich immer mehr an, und schließlich kam es zu einer Beziehung. Diese zeigt eine innige Liebe, nichts konnte stören, es war und blieb harmonisch, man konnte über alles reden, Nähe konnte zugelassen werden und war entgegen früherer Erfahrungen sehr schön. Alles sah nach einer traumhaften Beziehung aus. Doch plötzlich veränderte sich etwas, er bekam Ängste, Existenzängste und rutschte von einer Krise in die nächste. Die Nähe konnte er nicht mehr ertragen, Gespräche kamen immer weniger zustande, man machte sich gegenseitig verantwortlich für Probleme. Es folgte die Trennung. Seither gibt es hin und wieder Kontakte aber kaum Zeichen einer Annäherung.

Die Klientin erlebt sich in der Rückführung in einer Situation als überaus glückliche Mutter eines Kindes. Der Vater des Kindes ist die im heutigen Leben aufgetauchte Zwillingsseele.

Es ist eine unerwartete späte Schwangerschaft, und beide sind unglaublich glücklich. Sie lieben sich sehr, sehr tief bis in tiefste Tiefen, das Kind krönt die Verbindung. Doch in einem Moment der Unachtsamkeit stirbt das geliebte Kind. Als beide es entdecken, überschütten sie sich mit gegenseitigen Vorwürfen - jeder hält den anderen für schuldig und verantwortlich für dieses schreckliche Leid. Obwohl beide die Liebe füreinander noch empfinden, entfernen sie sich immer weiter voneinander und können sich selbst und dem anderen nicht verzeihen. Vereinsamt stirbt jeder alleine.

Auf der Zwischenebene kommt es zu einem langen Austausch zwischen der Klientin mit ihrem Geistführer und dem Schutzengel. Klar ist

der Seele nun, dass es in diesem Leben in erster Linie um das Verzeihen ging. Bereits früher hatte es mehrere Inkarnationen mit ähnlichen Ereignissen gegeben, man liebte sich sehr, doch führten Leid, Trennung und Verletzungen immer auch zu Schuldzuweisungen, Trauer, fehlender Verzeihung, fehlender Selbstliebe und so weiter.
Nun gehen beide Zwillinge ins Urlicht und erleben dort, dass es im Ursprung nur die unendliche bedingungslose Liebe gibt und gab, dass das EinsSein jegliche Trennung zur Illusion macht.
Beide gehen zum Hüter der Akasha-Chronik.
Die Klientin hatte mehrere Seelenverträge abgeschlossen, zum Beispiel: „Ich werde dich niemals alleine lassen. Ich will immer mit dir zusammen sein.". Diese werden gelöst und viele Seelenanteile werden zurückgeführt (Selbstliebe, Selbstvertrauen, Verzeihen können, bedingungslose Liebe, Freude, Leichtigkeit). Beide Seelen verzeihen sich gegenseitig alles Geschehene. Die Hüter beider Seelen lösen vieles auf. Einige Dinge werden jedoch nur auf Bewährung gelöst.

Es gibt keinen Weg zum Glück -
Glücklichsein ist der Weg.
Es gibt keinen Weg zum Frieden -
Frieden ist der Weg.
Es gibt keinen Weg zur Erleuchtung -
Erleuchtung ist der Weg.

(Thich Nhat Hanh)

IX
Auch die Klientin Frau J. hat viel an Energie- und Bewusstseinsarbeit gemacht.
Sie hat vor einigen Jahren ihre Zwillingsseele kennengelernt. Auch hier folgte eine Beziehung, danach die Trennung. Seit mehreren Jahren ist sie getrennt und dabei sehr leidend, trotz der vielen unternommenen Maßnahmen.
Die Klientin erlebt sich vor mehreren Jahrhunderten lebend, als kleines Mädchen (Barbara), das von einer Marktfrau großgezogen wird. Die beiden haben nicht das beste Verhältnis, dennoch ist es für das Mädel so in Ordnung. Die alte Frau ist oft überfordert, auch weil Barbara viel herumstreunt.
Barbara freundet sich mit einem älteren Marktmann an. Er schnitzt, und sie ist sehr beeindruckt von seinen Künsten. Aber auch die weise Natur des Mannes, sein besonderes Auftreten beeindrucken sie. Sie schaut in seine Augen und sieht sich selbst. Sie ist so sehr von ihm angezogen, dass alles andere im Leben, auch die Armut, fast keine Rolle mehr spielt.
Eines Tages ist der Marktmann nicht da, und sie gerät völlig aus dem Häuschen. Sie hat das Gefühl, in ein tiefes Loch zu stürzen, der Boden wird ihr unter den Füßen entzogen, „es ist wie sterben". Gleichzeitig fühlt sich die alte Frau so überfordert, dass sie Barbara an eine sehr wohlhabende Familie abgibt, die selbst keine Kinder hat. Die Kleine wird von einem Kutscher abgeholt und eine sehr weite Strecke zu einem Gutshof gefahren. Und je weiter die Kutsche fährt, umso größer wird Barbaras Angst. „Werde ich ihn jemals wiedersehen?"
Nun kommen Jahre der Trauer, des Schmerzes, eine unglaubliche Sehnsucht, Verlust, Trennungsschmerz, Depressionen, sie leidet unerträgliche Qualen. Anfangs hilft ihr ein alter Baum, ihn liebt sie, er gibt ihr vieles, er hört zu, fühlt mit, sie fühlt sich verstanden.
Doch irgendwann verschließt sie sich auch gegenüber dem Baum. Sie hat das Gefühl, ganz alleine auf der Welt zu sein, obwohl sich im Haus alle bemühen, ihr ein gutes zu Hause zu bieten.
Letztlich stirbt sie alt und traurig, obwohl sich in ihrer letzten Lebenszeit eine junge Frau um sie kümmert. Sie spürt deren Liebe und Wärme, doch

kann sie diese nicht zulassen. Auch das macht sie traurig. Sie weiß, sie hatte die Lernaufgabe zu lieben und hat es nicht wirklich geschafft. Sie bedauert das: „Schade, ich kann die Zeit nicht zurückdrehen."

Sie erkennt in diesen letzten Lebensminuten: Sie hatte die Frau gehasst, die sie nur abgab, um ihre Ruhe zu haben. Sie wurde damit einfach aus dem Umfeld, das sie liebte, weggeben.

Diese Marktfrau ist im jetzigen Leben ihre Schwester. Und auch heute gibt es mit ihr oft Stress, bis hin zu Hass, Wut und so weiter.

Die Klientin sagt: „Sie hat mich aus Angst vor der Verantwortung abgegeben. Sie hat einfach entschieden (ich weiß, sie war arm...), ohne mich zu fragen..."

Auch die alte Frau, die auf der geistigen Ebene hinzukommt, ist jetzt traurig.

Auch heute will ihre Schwester immer entscheiden!

Die Schwester teilt mit, dass sie doch nur der Spiegel und Helfer ist: „Du willst doch Selbstverantwortung, Entscheidungen treffen lernen, Vertrauen haben, Verzeihen, Vergeben!"

Nachdem die Klientin dies betrachtet hat, können beide einander verzeihen, und ein riesiger Ballast fällt ab. Sie ist ihrem Spiegel, ihrem Resonanzgeber, dankbar.

Sie erkennt weiter: „Meine Angst hat mich krank gemacht". Sie ist sehr berührt, dass die junge Frau am Sterbebett sie trotz der Ablehnung liebt.

Die Glaubenssätze drücken all das erlebte Leid aus: Sie will nie wieder hart sein, leiden, lieben, verlassen werden, alleine sein, Angst haben – aber immer mit ihm zusammensein und ihn wiederfinden.

Auf der Zwischenebene empfangen sie der alte Mann, - die Zwillingsseele und ihr Schutzengel.

Endlich sind sie wieder vereint. Sie ist froh, vereint, Eins: „Mehr brauche ich nicht, ich habe wieder alles, was ich brauche, ich bin wunschlos, ich bin glücklich."

Ihre wichtigsten Lernaufgaben in diesem betrachteten Leben waren: Vertrauen haben und Vergeben.

Bei ihrem Hüter der Akasha erfolgen viele wichtige „Schritte".

Ihre Glaubenssätze werden gelöst.

Verträge werden gelöst: „Ich will immer mit ihm zusammensein und ihn wiederfinden."
Sie kann verzeihen (heute und damals; „Das Nicht-sprechen über Gefühle, das Belügen in vielen Leben/fehlende Aufrichtigkeit, gegenseitige Verletzungen, einfach über mich zu entscheiden").
Sie erhält viele Seelenanteile zurück (Selbstwert, Vollständigkeit, Selbstliebe, Selbstvertrauen, Achtung, Freiheit, Gelassenheit, Harmonie, Wertschätzung).
Viele Energien, die jeder vom anderen bei sich trägt, werden einander zurückgegeben.

In der Betrachtung all dieser Dinge mit ihrem Hüter und dem Engel weiß sie, dass sie sich damals und heute weit von dem entfernt hat, was sie im Leben wirklich wollte. Und genau dazu tauchte die Zwillingsseele auf, deshalb kam sie ins Leben.
Und da Zwillinge immer einander verzeihen, ist das alles kein Problem.

Laufe nicht der Vergangenheit nach.
Verliere dich nicht in der Zukunft.
Die Vergangenheit ist nicht mehr.
Die Zukunft noch nicht gekommen.
Das Leben ist hier und jetzt.

(Laotse)

X

Im folgenden Protokoll geht es weniger um das Thema Zwillingsseele sondern mehr um eine Sitzung, die den Prozess des EinsSeins – des Eins-Werdens erahnen lässt.

Dazu muss ich betonen, dass solche Sitzungen nicht an der Tagesordnung sind. Menschen, die bereits viele Aktivitäten in Bezug auf mediale Fähigkeiten und auf spirituelle Erkenntnisse vollzogen haben, erleben teilweise eine Flut an Erfahrungen, so auch dieser Klient. Doch sollte man nie mit der Erwartung, etwas Ähnliches zu erleben, eine Rückführung machen.

Dieser Klient durfte in viele verschiedene Inkarnationen mit vielen Erfahrungen und Erkenntnissen hineinschauen und sie erleben. Vielen werden diese Einblicke nicht gewährt, da sie zu belastend sein könnten.

Im Vorgespräch macht Herr K. deutlich, dass es ihm mehr um die spirituellen Fragen unserer Zeit geht. Wohin führt ihn und die Menschheit der Weg?

Er steigt sehr schnell über eine tiefe Entspannung in ein palastähnliches Gebäude ein. Der große Eingangsbereich zeigt riesige Kronleuchter, rote Wände, große Fenster, viele Personen und viele Tiere.

Ich halte ihn an, die Tiere in seine Nähe zu rufen, die für ihn einen ersten Impuls bereithalten. Sofort tauchen mehrere Wildkatzen und ein Hai auf, aber auch Elefanten, Krokodile.

Hier drängt sich der Verdacht auf, dass es sich bei den Tieren um Chakren, bzw. Krafttiere handelt. Ich frage die Tiere, ob sie für den Klienten als Krafttiere bereitstehen. Der Hai bestätigt dies, sodass ich beginne, mit dem Klienten und den Tieren die einzelnen Chakren des Klienten genauer zu betrachten. Helfertiere sind auch unseren Chakren zugeordnet und haben entsprechend der eigenen Fähigkeiten Eigenschaften, die sie uns zur Verfügung stellen – wenn wir sie zulassen beziehungsweise abrufen:

Dem Kronenchakra des Klienten ist ein phönixartiger Vogel zugeordnet. Dieser teilt mit, dass der Klient mehrere Leben zu lemurianischer Zeit hatte und dass einige seiner Themen in Verbindung mit dieser Zeit stehen. Er verbindet das Kronenchakra mit dem Solarplexus und lässt Energien der Lebensfreude, des Loslassen-Könnens, der Harmonie, des

Göttlichen, aber auch Spaß und Entwicklung fließen – sofern der Klient dies zulässt! Er wacht über alle Chakren- und Krafttiere.

Der Hai „kümmert sich" um das Stirnchakra. Merkwürdig, hat doch der Klient Angst vor Haien. Der Hai ist nicht nur Millionen Jahre auf der Erde, er fühlt sich auch schon ähnlich lange mit dem Klienten verbunden! Er ist froh, dass der Klient endlich versucht, sich zu erinnern. Er hilft, Blockaden durch Erkenntnisse zu lösen und teilt mit, dass der Klient die vorhandenen Erkenntnisse und Informationen beinahe an der Oberfläche hat.

Nun betrachten wir das Halschakra. Hier taucht eine Maus auf – „Ich gebe dir eine Stimme", teilt sie mit. Sie will helfen, Dinge auszusprechen. Doch taucht nun ein Hengst auf, er drängt sich regelrecht auf. Er will jetzt puschen, will den Klienten dazu bringen, sich endlich Stärke zu erlauben. „Du darfst anecken, Konflikte sind wichtig, trage deinen dir zugehörigen Stolz, melde dich endlich zu Wort."
Ich bitte jetzt den Phönix, sich die Lage zu betrachten und festzustellen, ob ein Wechsel der Krafttiere in diesem Chakra ansteht. Nun ändert sich die Lage komplett, und ein kraftvoller Löwe mit imposanter Mähne taucht auf. Er hat eine Energie, die den Klienten an König Salomon erinnert. Der Löwe kommuniziert mit dem Höheren Selbst des Klienten und verleiht dem Halschakra jetzt endlich eine kraftvolle Stimme. Stolz und Weisheit sind sehr deutlich zu spüren. Man hört den Löwen förmlich brüllen. Maus und Hengst treten gerne in die zweite Reihe zurück.

Ein Dodo taucht kurz im Herzchakra auf. Er erinnert an die Freude, die offensichtlich abhanden gekommen ist. Ich bitte nun das Innere Kind hinzu. Es ist schneller da, als ich es aussprechen kann und teilt mit, dass es ihm „beschissen" geht.
Nun steht eine Giraffe auf der Bildfläche, das Innere Kind nimmt Platz auf ihrem Kopf und ist sofort quietschvergnügt, wollte es doch nur wahrgenommen werden. „Du hast mich, obwohl du von mir weißt, nie wirklich wahrgenommen", teilt es mit. Es möchte dem Klienten helfen, alles spielerischer zu betrachten und zu leben. Das Innere Kind ist clever und bringt Leichtigkeit ebenso wie die Giraffe. Sie teilt mit, dass der Klient

seine Fähigkeiten, sein Wissen, seine Weisheit nicht immer unter den Scheffel stellen soll. „Trage sie mit Größe, so wie ich."

Im Solarplexus agiert ein alter weiser Gorilla. Er legt sich über den Klienten wie eine Blaupause, stärkt sein Rückgrat, bringt alten Stolz zurück und lässt goldenes und silbernes Licht fließen. Ein Kolibri gesellt sich hinzu und bringt das Spielerische, löst Blockaden auf und lässt so den Zugriff auf Erkenntnisse zu.

„Igitt, das Nabelchakra ist voller ekliger Insekten, und das fühlt sich nicht gut an", teilt der Klient mit. Dieses Bild drückt die große Schuldenlast der atlantischen Leben aus. Bereits im Betrachten des Palastes war klar, dass das Thema Atlantis eine herausragende Rolle spielen würde. Nun taucht ein Ameisenbär auf, der alle Insekten aufnimmt und Platz für Neues macht. Er teilt dem Klienten mit, dass die Insekten die Schuldenlast und den Schuldgedanken ausdrückten. „Es gibt keine Schuld, denn es kommt alles aus der göttlichen Quelle. Steigt eure Erkenntnis, wandelt sich das Bild der Schuld in Freude."
Nun taucht ein Adler auf, er übernimmt das Nabelchakra und lässt Metatron erscheinen, beide stehen in direkter Verbindung. Gleichzeitig taucht eine Gruppe aufgestiegener Meister auf, zum Teil kennt der Klient sie, aber nicht alle. Maria Magdalena, Jesus Sananda, verschiedene Engel, Thoth...
Alle teilen mit: „Die Zeit ist reif, nimm deine Rolle als Lehrer an, teile die Dinge mit, die für die Menschen bestimmt sind."
Thoth teilt ihm mit, dass das Verstehen der Welt, die Alchemie, der Wandel der Dimensionen, das Wechseln zwischen den Dimensionen und Astralreisen möglich werden. Dazu sei es wichtig, die Ängste zu lösen. Diese haben viel mit dem Gefühl der Schuld zu tun. „Der Weg ist nicht mehr weit."
Hilarion teilt mit, dass es nun gilt, die Dinge zu verbinden, das Innen nach außen zu tragen, zu schreiben, zu lehren. Der Klient soll als Mentor dienen, viel Wissen weitergeben. „Mache deine Worte nicht zu klein."
Sanat Kumara und Kwan Yin fordern auf, in Gleichnissen und Geschichten zu lehren, sie unterstützen ihn.

Der Klient hatte sich vor seinem Weg, dieser Inkarnation, zu all dem bereit erklärt, es aber vergessen. Er muss die Energien in Form von Wissen, Weisheit nur fließen lassen. Das alles gehört zu seinen Lebensaufgaben. Mit seinen Worten, aber auch mit seinen Blicken und seinen Händen kann er Heilung bringen.
Er fragt sich, warum denn immer so viel Energie verpufft, abfließt, abgesaugt wird.
„Das liegt nur daran, dass du in die Energie des Mitleids gehst, statt mitzufühlen und das wiederum hat oft etwas mit dem Gefühl der Schuld zu tun."
Laotse teilt ihm mit, dass Buddha durch ihn wirke. „Geh in dein Herz, verlasse deinen Kopf, geh aus der Wertung und aus dem Leistungsdruck, lege das Joch ab."
Nun geht es wieder zu den Chakren...

Das Wurzelchakra zeigt einen Puma oder Panther. Er lässt alles geschmeidig sein. So kann alles ohne Druck und zum Dienste des Ganzen in Liebe fließen. Der Fluss des Lebens ist seine Aufgabe, doch offensichtlich hält den Klienten davon noch etwas ab.
Plötzlich ist es in diesem Chakra dunkel. Nur noch dunkle Brühe fließt hier, dunkle Wesen, wie beispielsweise gefallene Engel, tauchen auf.
Sie machen keine Furcht einflößende Energie spürbar. Stattdessen teilen sie sehr deutlich mit, dass sie Helfer in der Dualität sind. „Der Weg zum Licht kann nur durch uns erreicht werden."
„Schaue uns an, liebe uns, lass dir von uns helfen. Doch wenn du willst, verschwinden wir sofort. Nimm das Wissen an, lies die Bücher, greife auf dein Potential zu, hab Mut und die Energie, dann kehrt die Kraft zurück. Höre auf zu bewerten! Und vor allem, bewerte dich nicht so hart. Liebe dich mit allem, was zu dir gehört, wir wollen nur helfen."

Ich bitte nun die vorher anwesenden Meister, allen voran Jesus Sananda, die Aussagen der Wesen, die die dunkle Seite des Dualen ausdrücken, für uns zu betrachten.
„Das EinsSein passiert automatisch, wenn die Angst gelöst wird, bedingungslos geliebt wird, Bewertungen fallen gelassen werden und integ-

riert statt getrennt wird. Es gibt das Dunkle nicht so, wie die Menschen, geprägt von Dogmen und religiösen Vorstellungen es glauben. Alles is ein Ausdruck des Göttlichen und entstammt der Urquelle. Es dient der Erkenntnis, dem Sammeln von Erfahrungen."
Das Wurzelchakra hat natürlich auch viel mit Sexualität zu tun, hier kann endlich Heilung stattfinden.
„Du hast dir das ja alles so ausgewählt. Viele Schwierigkeitsstufen waren an verschiedenen Positionen gesetzt, alles dient der Vorbereitung auf deine persönliche Meisterschaft."
Zu Beginn der Sitzung zeigte sich auch eine Türe, die mit der Schöpfung zu tun hat. Diese muss ebenfalls von dem Klienten betrachtet werden. Jesus und die „dunklen Kräfte" werden hier helfen zu erkennen!
In das Wurzelchakra zieht nun auch eine Schlange ein. Sie verleiht Kraft, verbindet mit dem Herzen und hilft, den Seelenplan zu entdecken. Sie bringt Leidenschaft und steht mit Atlantis in Verbindung.

Nun taucht Thoth wieder auf:
Er legt einen Smaragd und einen Rubin auf das Dritte Auge des Klienten. Viel Energie fließt nun, aber auch viele Schreckensbilder werden sichtbar.
Die dunklen Kräfte lassen viele negative Energien und Urängste aus dem Lichtkörper des Klienten abfließen, während Jesus und andere Meister und viele weitere Lichtwesen und Engel Energien und Licht in das Kronenchakra und das Herz fließen lassen. Durch das Abfließen der Energien, der karmischen Lasten, wird Platz für das Urvertrauen geschaffen. Dieses Abfließen wird durch die Unterstützung der dunklen Kräfte erheblich verstärkt. Sie zeigen dabei Missstände auf und bringen weitere Erkenntnisse. Das Betrachten von Sachverhalten reicht, Heilung zu bewirken, also bringt alleine Erkenntnis Heilung.
Nun geht der Klient durch die Atlantis-Türe und fliegt durch den Weltraum, das Universum....
Vor der betreffenden Atlantisinkarnation hatte er mit Sanat Kumara auf der Venus gelebt. Doch nach längerem Betrachten weiß er, er hatte nicht ganz freiwillig zugestimmt, nach Atlantis zu gehen. Er wollte hier Karma abbauen, doch hat dies nicht wirklich geklappt.

Es ist alles aus der Kontrolle geraten und - schiefgelaufen.
So steigt er in eine seiner Inkarnationen auf Atlantis ein:
Seine Eltern sind atlantische Priester, weise und sehr wohlhabend. Sie sind von hohem Stand, einflussreich und sehr weit entwickelt. Ihre heilerischen Fähigkeiten sind beeindruckend. Oft reicht Erkenntnis zur Heilung, oft reicht es, Menschen zu betrachten und sie werden heil.
Auch er selbst hat bereits als Kind große Fähigkeiten und gilt als Heilsbringer. Er spricht in einer Halle zu vielen Menschen, berührt sie mit Worten und bewirkt dabei gleichzeitig Heilung. Er ist glücklich, alleine mit seiner Schwingung, seinen Worten, seinen Blicken Heilung zu erreichen.
So beschließt er zu forschen, wie mit wenig Einsatz möglichste viele Menschen erreicht werden können, um noch mehr Heilung zu bewirken. Er nimmt mit vielen anderen an Forschungen teil, welche die Fähigkeiten der Atlanter steigern und vervielfältigen sollen, sie beginnen zu klonen. Sein Vorhaben wird zu einem Staatenprojekt, die Erkenntnisse wachsen, alles entwickelt sich immer schneller, doch verändert sich gleichzeitig etwas Entscheidendes:
Zum ersten Mal ist etwas sehr Starkes zu spüren, das vorher keine Rolle spielte: Das Ego!
So verändern sich die Energien. Stolz ist spürbar, die Wissenschaftler fühlen sich als etwas Besseres, sie sind die Schöpfer von etwas Neuem! Das Gemeinschaftsgefühl, das Solidarprinzip geht verloren und...
Alles explodiert, alles wird zerstört, vernichtet.

Der Klient spürt einen Klos im Hals, intensiven Druck auf der Stirn, es geht ihm schlecht. Er spürt die Energie der Schuld, eine intensive Schwere, ein Gefühl des Versagens.
Rückblickend sieht er das Ergebnis der Forschung: Im Nebel tauchen Alien ähnliche Gestalten auf. Anfangs funktionierte alles wie geplant, diese Wesen erfüllten den Plan, sie funktionierten. Doch dann übernahmen sie die Kontrolle, sie griffen die Menschen an, herzlos, seelenlos.
Eines dieser Geschöpfe packt den Klienten, sticht ihm ins Herz und in den rechten Arm, drückt ihm den Sauerstoff aus dem Arm und aus der Brust und sorgt für ein Erstickungsgefühl. Der Klient ist beim Betrachten

entsetzt und zum Zeitpunkt des Sterbens weiß er, „es war falsch, alles ist aus dem Ruder gelaufen. Das war so nicht geplant und gewollt."
Er entdeckt sofort Glaubenssätze wie:
- So etwas mache ich nie wieder!
- Meine Fähigkeiten setze ich nie wieder zu so etwas ein!
- Ich verlasse nie wieder die göttliche Ordnung!
- Ich unterstelle mich in Demut dienend der göttlichen Ordnung!

Nun geht es zum Hüter der Akasha-Chronik
Der Klient erlebt hier über Tausende von Jahren nochmals die große Liebe der Menschen auf Atlantis.
Alles hatte den göttlichen Segen, fühlte sich sehr herzlich und warm an: Reinheit der Herzen und Bedingungslosigkeit waren zu spüren.
Alles, was sich entwickelte war sehr wichtig für das ‚Alles in Allem'
Der Klient hat zu der Erkenntnis beigetragen.
Er hat geholfen, Erfahrungen zu machen.
Er trägt ein reines Licht in sich.

Nach einer kurzen Betrachtung des Erlebten schickt der Hüter ihn zurück nach Atlantis, er soll sich noch etwas anschauen:
Er betritt wieder das Labor und erlebt dort, dass sein Lebenspartner im Heute auch damals mit ihm in einer homosexuellen Beziehung stand. Er erlebt sich in tiefer Liebe zu seinem Partner, emotional und auch körperlich. Zu Anfang ist dies auf Atlantis kein Thema, kein Problem, da die Menschen in absoluter Harmonie und bedingungsloser Liebe miteinander umgehen und leben. Man lebt die Liebe und lebt in der Hinwendung zur göttlichen Quelle, die Menschheit ist sich dieser Verbindung noch bewusst. Später – über viele Jahre/Jahrhunderte verändert sich, beeinflusst von der Entwicklung der Egos, alles. Die Menschen beginnen, mehr und mehr zu werten und zu bewerten, werden immer mehr zu Individualisten. Jeder schaut nach seinem Vorteil, seinem persönlichen Erfolg.
Und so ist auch Homosexualität irgendwann sogar verboten. Beide können ihr Leben als Liebespaar nicht in der Öffentlichkeit leben, es darf niemand sehen. Die Sehnsucht nach einer offen gelebten Beziehung steigt und steigt. Als sich der Partner des Klienten dem Druck beugt und sich outet, wird er hingerichtet. Er wird geköpft.

Der Klient selbst ist schockiert, traurig, verschließt sein Herz und erlebt einen starken Herzschmerz. Gleichzeitig ein riesiges Schuldgefühl. Bauch, Brust und Herzbereich zeigen ein starkes Druckgefühl. Er hat nun das Gefühl, es versäumt zu haben, an der Seite seines Partners zu sein, notfalls mit ihm zu sterben. Seine Glaubenssätze drücken dies aus:
- Ich erlaube mir nie wieder, glücklich zu sein.
- Ich bin es nicht wert, glücklich zu sein
- Ich führe Krieg gegen mich selbst.
- Die erschaffenen Geschöpfe/Klone sollen besser sein als ich selbst- Sie sollen ethische Werte haben.

Von zwischenzeitlichen Suizidgedanken halten ihn nur die Gedanken an die Arbeit ab....
Ein aufkommender Gedanke ist sehr eindringlich:
- Arbeit macht frei!

Und sofort steigt der Klient in ein Leben im Dritten Reich ein. Er erlebt sich als Mitglied eines Erschießungskommandos in einem Konzentrationslager. Im Moment kann er nicht sofort spüren, wie die Situation auf ihn wirkt, was es mit ihm macht.
Doch dann weiß er: Auf viele Gefangene wartet ein grausames Dasein, und so ist das Erschießen noch eine harmlose Form des Sterbens. Er erlebt es fast wie eine Erlösung. Er weiß, er kann viele dieser Menschen nicht retten.
„Wenn ich sie schon nicht retten kann, kann ich doch wenigstens das Leid reduzieren. Würde ich rebellieren würde ich mich selbst gefährden. Und so wie mein Partner im Leben auf Atlantis seine Familie zurückließ, habe ich hier Angst um meine Familie, ich habe Frau und Kinder."
Doch er erlebt auch, dass er selbst mit diesen geschundenen Menschen leidet. Er versucht immer wieder zu helfen, im Kleinen, er ist ein Menschenfreund. In einer Situation, in der ein Gefangener von einem Aufseher gequält wird, kann er sich nicht mehr beherrschen und erschießt den Aufseher. Ihn bringt dies an den Galgen beziehungsweise zur Guillotine. Und sein Partner ist in diesem Falle der Henker!
Kurz vor dem Sterben schwört er: „Ich mache nie mehr den Mund auf!"
Doch später weiß er, dass es sich lohnt, für die Ethik einzustehen, selbst wenn es den Tod bringt. „So bin ich mal stolz auf mich."

„Ich habe etwas Wichtiges gelernt! Ich schenkte den Menschen viel Liebe, ich bat um Vergebung."

Viele Menschen wurden durch seine Anwesenheit, durch seine Sanftmut, berührt. Heute erlebt er viele damalige Häftlinge als Menschen, die ihm begegnen. Auf der Behandlungsliege durchfließt ihn viel Energie, Licht, es wird ihm heiß...

Auf der Lichtebene wird jetzt beim Hüter Karma aufgelöst, Verstrickungen aus Atlantis und dem Dritten Reich werden gelöst.

So wie immer, gab es auch bei den beiden Partnern die Täter-Opfer-Rolle mit der entsprechenden karmischen Last. Der Klient betrachtet nun nochmals, dass sie beide Ähnliches ausgeführt und bewirkt hatten: „Meine Seele bejaht es. Es ist ja schließlich der Ausgleich zu damals...", weiß er als er die Hinrichtung durch seinen Partner betrachtet.

Dennoch spürt er einen intensiven Herzschmerz, er spürt in dieser Situation einen intensiven Hass, es zerreißt ihn fast: „Warum tut er das?"

Zurück bei seinem Hüter lassen nun viele Lichtwesen Energien in ihn hineinfließen. Jesus hält seinen Kopf, göttliches Licht fließt, Engel, Meister und der Phönix unterstützen den Prozess der Heilung.

Er betrachtet sich diese Heilung von oben, betrachtet seinen Körper von außen. Die Erkenntnis, das Verstehen, warum das alles so war, hilft jetzt dabei, die Heilungsenergien frei fließen zu lassen.

Beide gehen jetzt in den Prozess der Vergebung und der Verzeihung. Sie erleben wie der jeweils Hinterbliebene sich um die Familien des anderen kümmert. Beide haben Schuldgefühle. Beide wissen, dass der Getötete unschuldig war.

Der Klient dankt jetzt der göttlichen Ordnung, dass alles so göttlich zusammengefügt ist, alles ist Eins und bedingt einander. Nichts ist unausgeglichen.

Er weiß jetzt:
- Es gibt keine Schuld, nur Erfahrungen, Erkenntnisse.
- Es gibt nichts zu bereuen, denn die Dinge geschehen gemäß der Seelenvereinbarungen.
- Es ist immer für uns gesorgt.

Nun taucht ein Kind aus dem Leben des Aufsehers auf. Es ist stolz auf seinen Vater. Dieser hat sich vorbildlich verhalten. Mut und Tapferkeit waren Vorbild für den Sohn. Dennoch war der Sohn in der Situation zuerst erschüttert. Er war wütend auf seinen Vater, der Verlust war schlimm. Doch half es dem Sohn, schneller erwachsen zu werden. Später konnte er verzeihen und Stolz für den Vater entwickeln.
Der Sohn gibt ihm einen Füller als Dank. Sofort erkennt der Klient in diesem Füller ein Geschenk seines heutigen Vaters.
Jetzt geht es in eine weitere Situation:
Die Zeit des Sklavenhandels. Auf dem Deck eines Segelschiffes sieht er einen unsympathischen, schmierigen Geschäftsmann auf einem Stuhl sitzen. Er selbst ist als Kapitän mit diesem Menschen im Streit. Zuerst weiß er nicht, worum es geht, doch schnell ist klar: Der Typ verlangt etwas, was er als Kapitän nicht mehr leisten will: „Seit vielen Jahren unternehme ich mit meinem Schiff diese Fahrten, bringe diese armen Menschen in die Gefangenschaft, es reicht, ich will das nicht mehr."
Doch sehr deutlich zeigt ihm der Geschäftsmann, dass er diese Weigerung nicht akzeptieren wird. Der Streit eskaliert, der Geschäftsmann rammt dem Kapitän einen Dolch in den Rücken bis ins Herz hinein und versetzt ihm gleichzeitig einen solchen Tritt, dass er über die Reling fällt.
„Ich spüre einen intensiven Schmerz im Herzen und in der Brust, doch viel schlimmer ist die Angst, die Angst vor den Haien. Es ist Haigebiet und ich blute." Und schneller als er denken kann beißen sie zu. Er spürt diese Bisse und es ist sehr eindeutig, dass der anfängliche Respekt vor seinem Krafttier, dem Hai, hier seinen Ursprung hat.
„Ich habe eine solche Angst, sie lähmt mich fast, aber der Hass auf diesen Menschen ist noch viel schlimmer. Warum tut er mir das an?" Angst und Hass spürt er sehr intensiv im Bauch, im Becken und in der Brust. Diesen Druck kennt er im Heute nur zu gut!
„Ich hatte mich doch wieder für etwas Gutes eingesetzt, ich wollte diesen Auftrag nicht wieder ausführen, mir taten diese armen Menschen leid."
Doch dieser schmierige Typ war offensichtlich anderer Meinung, er wollte seine Schäfchen noch ins Trockene bringen. Viel Geld hing von diesen Geschäften ab. Längst weiß der Klient, dass dieser Typ im heutigen Leben sein Vater ist. Das Leben mit diesem ist nicht immer einfach.

Für viele Beteiligte im Leben des Kapitäns verändert sich durch seine Entscheidung das Leben:
Die Sklaven waren bereits zusammengetrieben worden, wurden jedoch nie abgeholt.
Der Geschäftsmann erlebte das Geschäft selbst nicht mehr, aus irgendeinem Grund wurde auch er über die Reling geworfen, möglicherweise durch die Mannschaft.
Der Mut, das Vorbild des Kapitäns, hatte jedenfalls bei vielen Beteiligten Eindruck hinterlassen. Sein Mitgefühl für die Sklaven hatte eine neue Schwingung wirken lassen. Mannschaft, aber auch der Geschäftsmann wurden „berührt".
Die Situation hat sich damit von selbst geklärt.
Karma wurde gelöst, weil er eine Entscheidung aus Liebe getroffen hatte

Nun tritt der Vater des Klienten als Höheres Selbst auf der Zwischenebene zu ihm. Beide gehen in den Prozess der Verzeihung.
Der Vater dankt ihm, denn durch seine mutige Entscheidung hat er sozusagen die Geschichte verändert.
Nun sieht der Klient den Strand mit den Sklaven: Unter den Sklaven steht eine junge Frau. Er erkennt sie sofort als seine heutige Mutter.
Sein Hüter erklärt:
„Deine Entscheidung hat dafür gesorgt, dass die Menschen auf dem Schiff ihre Gesinnung verändert haben. Die Sklaven wurden nicht abgeholt. Deine heutige Mutter wurde nicht versklavt. Wäre deine Mutter versklavt worden, hätte dies Karma zwischen deinem Vater und deiner Mutter ausgelöst. Somit hätten sie im heutigen Leben nicht deine Eltern sein können. Du hast jedoch deinen Vater unter anderem deshalb gewählt, weil er dir materielle Hilfe geben konnte, um im heutigen Leben eine Praxis zu eröffnen. All das wäre nicht möglich gewesen. Alles hängt miteinander zusammen wie ein Mosaik, alles bedingt einander."
Alles in allem wurde damals der Grundstock für die heutige Entwicklung gelegt.
Der Hüter, Metatron und der Phönix zeigen ihm, dass der Hass sein 3. Auge verblendet hat, gleichzeitig aber auch einen Schatten, eine Energie auf seiner Bauchspeicheldrüse und seinem Herz abgelegt hat.

Diese Energie hemmt nun die Liebe zu sich selbst und zu seiner Familie. Die Lebensfreude fehlt, Härte für sich und für andere wird gelebt.
Wieder wird der Klient aufgefordert, nicht immer sein Licht unter den Scheffel zu stellen.
Vater und Sohn können nun das Erlebte der verschiedenen Inkarnationen verzeihen und endgültig loslassen, Verzeihung in beide Richtungen erzeugen.

Kwan Yin ist mit ihrer Energie beim Klienten und teilt mit allen anderen Helfern Folgendes mit:
„ Lass das alles los, du brauchst dieses alte Karmaspiel nicht mehr." Ein Kristall wird ihm jetzt ins Herz eingesetzt, er verbindet ihn mit dem Christusgitternetz der Erde. In diesem Moment spürt der Klient einen erneuten intensiven Stich im Herzen. Christus zieht ihm endgültig den alten Dolch aus seinem Herzen, Heilenergien fließen dorthin.
Nun taucht ein Wesen von „ganz oben auf", das Göttliche... Es berührt Herz und Kopf des Klienten. „Du bist ein Engel auf Erden, und es ist dir immer wieder gelungen, Impulse zu setzen. Du darfst dir endlich vergeben. Es gibt keine Schuld, somit hast auch du keine Schuld."
Das göttliche Wesen teilt ihm mit, dass alles oft viel schwieriger, komplexer ist, als wir es uns vorstellen können.
Doch alles hat seine Wirkung! Beispielsweise hat das, was er als Aufseher im Konzentrationslager ausgelöst hat, die Herzen der Häftlinge berührt und leuchten lassen.
Immer wieder hat er über die Inkarnationen (auch im Heute) Situationen betrachtet, die ihn leiden ließen. Das Lernen und Verinnerlichen, dass es gilt, Mitgefühl statt Mitleid zu leben, ist ihm dabei immer sehr schwer gewesen. Die Energien des Mitleids sitzen an verschiedenen Stellen seiner Energiekörper, auch an seiner Bauchspeicheldrüse.
Geistige Helfer, hier vor allem Maria Magdalena, helfen ihm jetzt, das Mitleid loszulassen – sie lassen Energien in die Situationen und in die Energiekörper aller Beteiligten fließen.
Die Wunde im Körper, im Herzen wird jetzt geschlossen.

Der Hüter hat für den Klienten noch Aufträge, aber auch Hinweise:

- Lass den Partner in seiner Verantwortung.
- Geh bewusst aus der Verantwortung, denn nicht alles liegt in deiner Verantwortung.
- Mitgefühl ohne Leid ist ein wichtiges Ziel.
- Die Arbeit ist im Fluss – im Prozess.
- Einiges, was noch zu erkennen ist, hat mit Lemuria zu tun.
- Die Sammlung und Fortführung der Erkenntnisse schreitet voran.
- Astralreisen wird der Klient im Schlaf durchführen, später auch bewusst.
- Er wird seine Fähigkeiten ausbauen.
- Er soll es betrachten wie das Spiel mit Dominosteinen.

Die Lemuria-Türe ist für diese Sitzung zu viel.
Die „dunklen Wesen" werden jetzt immer mehr zu Lichtwesen, auch sie sind eine Erscheinungsform der göttlichen Urquelle. Alles gemeinsam ist ein Team, und es geht nur in Teamarbeit, letztlich ist der Begriff Gegenspieler nicht korrekt
Alles – auch Negatives ist göttlich!

Aus der Zeit wollt ihr einen Strom machen, an dessen Ufern ihr sitzt und zuschaut, wie er fließt. Doch das Zeitlose in euch ist sich der Zeitlosigkeit des Lebens bewusst. Und weiß, daß Gestern nichts anderes ist, als die Erinnerung von Heute und Morgen der Traum von Heute.

(Khalil Gibran)

Hier noch ein Text, den ich von einer Klientin bekam und der, wie ich finde, auch sehr schön zum Thema passt:

Als ich 1988 schwanger war, zeigte mir der Ultraschall, dass sich zwei Kinder entwickelten. Jedoch wurde mir gesagt, dass eines dabei sei, abzusterben, was auch zu sehen war, ein schwarzer Punkt war kleiner als der andere. Beim nächsten Arztbesuch war der eine Punkt dann noch kleiner, beim übernächsten Mal verschwunden. Ich hatte weder Blutungen noch sonst irgendwas in der Richtung und war damals erstaunt und dachte, wohin hat sich das Ungeborene nun abgesetzt. Während der Schwangerschaft dachte ich immer mal wieder an das verlorengegangene Kind, ich war aber nie traurig deswegen. Im Laufe der Jahre sprach ich relativ häufig mit meinem Sohn über sein Geschwisterchen, irgendwie war es auffällig häufig, und ich hatte immer das Gefühl, dass es ein Mädchen war.

Heute ist mein Sohn 25 Jahre. Vor gut 1,5 Jahren, mein Sohn studierte an der Uni und war zusätzlich Übungsleiter dort, kam bei ihm die Frage auf, mache ich den Übungsleiter noch ein Semester weiter oder höre ich auf, denn Lust hatte Markus irgendwie nicht mehr, andererseits lockte auch das Geld. Wir redeten mehrmals darüber, und ich habe Markus mehr oder minder den Impuls gegeben, noch ein Semester dranzuhängen, es sollte dann auch endgültig das Letzte sein.
Eine junge Frau (Andrea) war in dem Kurs wo Markus die Übungen korrigierte. Sie und eine Freundin von ihr waren mit der Korrektur ihrer Arbeiten von Markus nicht einverstanden. So kamen die beiden zu Markus und beschwerten sich. Das war aber nicht nur einmalig, sondern im Laufe der kommenden Wochen sehr häufig. Markus war mittlerweile schon genervt davon. Im Nachhinein stellte sich heraus, dass Andrea gar kein Problem mit dem Korrigieren hatte und nur mit ihrer Freundin dabei war, um mit Markus ins Gespräch zu kommen. Später kontaktierte Andrea per Mail Markus, um zuerst fachbezogene Fragen zu stellen, die nach und nach ins Private abdrifteten. Recht schnell haben die beiden ihre persönlichen Dinge und die der Familien ausgetauscht, sich sozusagen nackt gezeigt, was für Markus bis dahin

unüblich war. Es stellte sich heraus, dass sie sehr vieles ähnlich erlebt, gelebt hatten, viele gleiche Interessen und Hobbys haben, das gleiche Studienfach, die gleiche Musikrichtung beim Klavierspielen (teilweise außergewöhnliche Musikstücke) und zudem sehr tiefgründig sind. Die ähnlichen Eigenschaften der beiden sind verblüffend bis hin zur spirituellen Einstellung.

Das Austauschen per Mail ging so gut 5 Monate lang, tagein, tagaus, oft bis mitten in die Nacht bzw. schon zum frühen Morgen hin, bis Andrea Markus wissen ließ, dass sie mehr von ihm wollte als „nur" schreiben. Markus hatte das bis dahin gar nicht geblickt, vielleicht auch weil er seit ungefähr 3 Jahren in einer Beziehung lebte. Kurze Zeit später trennte sich Markus von seiner Freundin, weil es ihn magisch zu Andrea zog und die beiden wurden ein Paar.

An dem Tag, als Andrea uns zum ersten Mal zu Hause besuchen kommen wollte, war ich ziemlich aufgeregt, ungewöhnlich, denn es war ja „nur" die Freundin meines Sohnes. Ich bekam den Impuls, sie hat was für mich, was, konnte ich nicht festmachen.

Beim zweiten Besuch umarmten wir uns gleich innig, das empfand ich erstmals auch als ungewöhnlich. Mir war bei beiden Treffen aufgefallen, dass Andrea mich häufig beobachtete und mir tief in die Augen sah, so als würde sie etwas suchen.

Ich bekam das Gefühl, Andrea ist mein Töchterchen, das Zwillingsgeschwisterchen von Markus. Ich erzählte mein Gefühl Markus und Andrea, und Andrea stimmte mir zaghaft zu, Markus war zu dem Zeitpunkt noch ein wenig verhaltener mit der Aussage.

Gut 2 Wochen nachdem die beiden zusammen waren stand eine Woche Sommerurlaub an, den Markus mit seiner Freundin gebucht hatte, da sie ja nun getrennt waren, fuhr er mit seinem Vater. Gleich am ersten Urlaubstag klagte Andrea über starke Schmerzen im Unterbauch, der auch zusehends anschwoll. Sie kam ins Krankenhaus und wurde operiert. Andrea hatte eine Dermoidzyste „verlorener Zwilling". Diese befand sich ganz in der Nähe der Gebärmutter. Es wurden u.a. Teile von Haaren, Knochen und Zähnen dort entfernt. Nachdem Markus aus dem Urlaub zurück war, kam Andrea aus dem Krankenhaus.

Andrea besuchte uns erneut und die zwei hielten sich eine Zeit im Garten

auf. Als sie ins Haus kamen, sagte Andrea: Mit dem Pflaumenbaum im Garten stimmt etwas nicht. Bis Markus und Andrea ein Paar wurden, war dieser Pflaumenbaum meine Kraftquelle. Es befinden sich noch andere Bäume in meinem Garten, aber die zogen mich nicht an. Ich hatte diesen Baum recht oft umarmt, mit ihm gesprochen und daran geweint. Ab dem Zeitpunkt als die beiden zusammen waren, zog es mich nicht mehr zu dem Baum. Ich wunderte mich, bin auch noch ein paar Mal einfach so dahin gegangen und habe ihn umarmt, aber er war energielos geworden. Eine halbe Stunde später, nachdem Andrea diese Aussage gemacht hatte, hörte ich im Haus etwas Lautes rumsen, was aus Richtung Garten kam. Ich bin sofort in den Garten gegangen, und da sah ich, dass ein dicker Stamm des Pflaumenbaumes abgebrochen war und auf der Wiese lag. Es fröstelte mich positiv und mir wurde schnell klar, dass es da eine Verbindung zu Andrea gab.
Einige Monate später löste sich erneut ein recht dicker Ast von dem Pflaumenbaum. Ich schaute mir daraufhin den Baum genau an und stellte fest, dass er in den letzten Monaten von unten herauf sehr morsch geworden war, sodass ich ihn vermutlich fällen lassen muss, damit er bei den Nachbarn keinen Schaden anrichten könnte, wenn er komplett kippen würde. Beim Zerkleinern des abgebrochenen Astes fiel mir auf, dass er mehrere alte vertrocknete Schnitte hatte. Sie waren so gerade und sauber als hätte da jemand mit einem scharfen Messer in verschiedene Richtungen geschnitten. Da fiel es mir wie Schuppen von den Augen, Andrea hatte sich vor ein paar Jahren selber geritzt und genauso sah der abgebrochene Ast aus. Seit dem Zeitpunkt sind wir alle drei absolut davon überzeugt, dass Andrea mein Töchterchen und Markus Schwesterchen ist.
Mir wurde das später auch über ein Medium bestätigt und sogar dass die beiden eineiige Zwillinge waren. Deswegen hatte ich auch in der Schwangerschaft keine Blutungen oder sonstwas in die Richtung, nachdem die Seele Andrea sich bei mir verabschiedet hatte.
Die Verbindung zwischen mir und Andrea wurde nach und nach immer intensiver, inniger. Wir tauschten uns tiefgründig aus, stellten fest, dass wir einige Dinge in unserer Kindheit ähnlich erlebt hatten. Andrea hatte in ihrer Kindheit immer das Gefühl, in ihr zuhause nicht hinzugehören.

Sie hatte oftmals ihre Eltern gefragt, ob sie nicht adoptiert worden sei, was natürlich verneint wurde. Ich schreibe ein Buch über meine Lebensgeschichte, dieses habe ich vor kurzem Andrea zugemailt, damit sie lesen kann, was bei mir so alles in der Kindheit geschehen ist und damit sie Markus bei manchen Dingen besser verstehen kann. Sie sagte mir, als sie die Passage gelesen hat bzgl. des Zwillingskindes, wurde sie sehr traurig, hat geweint und gespürt, wie sie mich und ihren Bruder verlassen hat.

Dieses Baumes Blatt, der vom Osten
meinem Garten anvertraut,
gibt geheimen Sinn zu kosten,
wie 's den Wissenden erbaut.
Ist es EIN lebendig Wesen,
das sich in sich selbst getrennt,
sind es zwei die sich erlesen,
dass man sie als EINES kennt.

Solche Frage zu erwidern,
fand ich wohl den rechten Sinn,
fühlst du nicht an meinen Liedern,
dass ich EINS und doppelt bin?

(Johann Wolfgang Goethe)

Resümee

Abschließend möchte ich das Beschriebene abrunden und Hinweise geben, was dies für das Leben und dein Leben bedeuten kann.
Deshalb benutze ich in diesem Schlusswort an einigen Stellen bewusst das Personalpronomen du – auch wenn du in deiner aktuellen Inkarnation die Zwillingsseelenerfahrung noch nicht gemacht hast. Aber so wie alle Seelen und Alles was Ist, befindest du dich auf dem Weg (egal wie weit dieser ist, egal wo du jetzt stehst) zum EinsSein!

Was ist es, was dich magisch zu deinem Zwilling führt, was ihn zu dir zieht?
Irgendwann wird es das Erreichen des bewussten Zustandes sein, der beide Zwillinge „endgültig" zusammenführt. Man könnte auch sagen: „Du hast alles verstanden, alles integriert, alles gelöst. Du hast angenommen, was zu dir gehört, losgelassen, was du nicht mehr brauchst und bist. Ursache und Wirkung hast du aufgehoben. Du bist bereit, Eins zu sein. Du benötigst die Erfahrungen der Dualität nicht mehr und du kannst bedingungslos lieben.

Bis dahin ist für dich vielleicht noch ein mehr oder weniger langer Weg zurückzulegen. Und du wirst so lange (über die Inkarnationen betrachtet) dem Zwilling begegnen, bis du ihn nicht mehr benötigst. So lange bis du oder er niemanden mehr braucht, um aus den Fesseln befreit zu werden.
So kann ich jedem, der dies hier liest, nur Mut und Hoffnung machen. Ich habe eine wundervolle Zeit mit meinem Zwilling erlebt. Niemand hätte mir so deutlich zeigen können, wer und was ich wirklich bin. Niemand hätte mir so helfen können zu fühlen, sogar mich selbst. Und diese Zeit war lebenswichtig, obwohl sie gefüllt war mit schmerzhaften Erfahrungen. Diese haben mir geholfen, zu verstehen.
Jeder kann lernen, loszulassen.
Nimm jede Hilfe aus deinem innen an. deine Seele kennt jede Hilfe, die notwendig ist.
Hilfe aus dem außen ist nicht ohne Gefahr. Viele Menschen sind angeb-

lich auf diesem Gebiet wissend. Da jedoch jede Beziehung und jede Situation anders ist, warne ich vor der Verharmlosung und Verallgemeinerung der Probleme und deren möglichen Lösungen. Die Antworten liegen in dir. Geistige Helfer sind mir wichtigere Helfer gewesen als die vielen Hinweise in Texten der Social Networks.
Und - nahezu jeder hat einen lieben Freund, der unterstützen kann. Oft taucht ein solcher Helfer aus dem Nichts auf.
Ich selbst hatte das Glück, drei Helfer zu haben. Eine liebe Verwandte, eine Kollegin und einen besonderen Freund, Christus. Merkwürdig - er hat für alles Verständnis!

Und nun widme ich mich wieder meiner Lieblingsfrage:
Warum ist es denn nun so?
Wie im Vorwort folgen auch hier einige provokante Antworten:
Du hast dir das alles ausgesucht.
Der Seelenpartner, der Zwilling, tritt in dein Leben, wenn niemand anderes deine Schalen knacken kann. Oder wenn es Zeit ist aufzubrechen.
Auf dem Weg zur bewussten „Eins-Werdung" ist der Zwilling nur Mittel zum Zweck ...
... und dennoch ist er fundamental wichtig.
Denn wir erinnern uns: „Wie im Großen so im Kleinen". So ist die Zwillingsseelenerfahrung, das Eins-werden mit dem Zwilling, das kleine Gegenstück zum EinsSein in Gott. Beides ist toll und zu beidem streben wir. Nun kannst du, lieber „Zwillingsleidender" damit nicht wirklich viel anfangen, wenn du im Dilemma der schmerzhaften Erfahrung steckst. Verläuft die Beziehung wie am Schnürchen, bitte ich, das Wort „Dilemma" zu überlesen. Wenn du deine Zwillingsseele in dieser Inkarnation zum jetzigen Zeitpunkt bereits im „Friede, Freude, Eierkuchen-Dasein" erleben darfst, dann freue ich mich mit dir.
Nur ganz wenige, vielleicht zwei oder drei der Klienten beschrieben halbwegs entspannte Beziehungen über eine längere Zeit. Häufiger kommen die glücklichen Erfahrungen dort vor, wo die Zwillinge als Freundes-, Geschwister-, Eltern-Kind- oder Großeltern-Enkel-Beziehungen zusammen sind.
Meine persönlichen Erfahrungen, die Erfahrungen im Bekanntenkreis

und die vielfältigen der Klienten werfen im Bezug auf die Zwillingsseelenerfahrung mehrere wichtige Feststellungen auf:
- Die Begegnung mit dem Zwilling ist betrachtet auf eine Inkarnation ein herausragendes Ereignis – betrachtet auf die Seele auch, aber nicht mehr außergewöhnlich, weil wir nie ohne den Zwilling sind. Wir sind immer verbunden und leben die Leben in irgendeiner Form zusammen.

Würden wir nicht so „störrisch, uneinsichtig, blind" sein, müsste der Zwilling nicht immer als der Rufer in der Wüste auftauchen.
- Im aufnahmefähigen Zustand (vorhandene Achtsamkeit, objektive Wahrnehmung) kann auch jede andere Seele das übernehmen, was der Zwilling übernimmt.
- Eine der zentralsten Aufgaben in der Zwillingsbegegnung ist das „Loslassen-lernen".
- Und eine weitere wichtige, vielleicht die wichtigste Erfahrung, ist, zu erleben, zu fühlen, zu spüren, wer du wirklich bist!
- Eine weitere das Erkennen, dass alles Eins ist sowie das diesbezügliche Fühlen und Spüren!

Doch noch immer bleibt „ein bisschen" warum?
In den verschiedenen Themenbereichen habe ich versucht, weitestgehend (auch wenn es noch immer nicht die große Bandbreite des Seins in seiner Gänze darlegen kann) darzustellen, dass die Seelen in diesem unglaublichen Spiel aus dem EinsSein kommen und zum EinsSein streben. Dieses Streben entwickelt von Zeit zu Zeit eine solche Dynamik, dass Veränderung auf Biegen und Brechen gefordert ist. In diesen Phasen spürt der Mensch (meist im Unterbewussten), dass für die wichtige Veränderung der entsprechende Resonanzgeber, sprich die Seele, der Mensch mit der richtigen Schwingung fehlt.
Wir kennen alle aus unserem Schulunterricht die messbaren Schwingungen aller lebenden „Teilchen", vom Atom bis zum Elefanten oder Berg (heute kennen wir ja viel kleinere Teilchen als das Atom).
In Resonanz gehen wir nur, wenn die Schwingung dessen, was ich jetzt, in genau diesem Moment bin, erlebe, fühle, wonach ich strebe, mit meinem Gegenüber gleich ist.

Ist nun der Mensch an einem Punkt angekommen, wo endlich die Herzöffnung fällig ist, kann er Milliarden Menschen begegnen. Ich hätte damals allen sieben Milliarden Menschen dieser Erde begegnen können. Ich hätte alle angelächelt und gefragt: „Was willst du?" Aber - es hätte nicht klick gemacht. Und genau das ist beim Zwilling anders.
- Er hat den Zugriff – seine Schwingung ist identisch, in diesem Moment macht es klick. Und es gibt kaum die Möglichkeit sich zu verweigern.

Treffen nun diese beiden Seelen zusammen, gibt es letztlich kein Tabu, keine Hemmschwelle, keine Scham, keine Schuld, kein Ego, kein Gewissen... Über alles kann gesprochen werden, diskutiert, gestritten, gefühlt. Man muss nichts suchen, nicht entdecken, es ist alles da.

Bei dieser Begegnung erlebt man, dass plötzlich alle Dinge und Personen, die uns bisher ausgebremst haben, ihre Masken verlieren, alle Illusionen verschwinden, alle Nebel und Schatten heben sich. Das Ego verliert jegliche Wirkung. Es, das sich immer als Angstgeber, als Mahner, als Gewissen, als Wächter und Bedenkenträger gezeigt hat – es ist weg, einfach weg. Vielleicht ist es genau jetzt in Urlaub (hihi,)...

- In dieser Phase des Lebens lernt man rasend schnell, man fühlt, versteht, erkennt... Vieles erlebt man gemeinsam und ist dabei verblüfft, wie man plötzlich zu zweit Dinge entdecken kann, die man sonst immer alleine entdecken wollte. Die Schwingung hebt sich in dieser Phase auf einen Level, dem andere nicht folgen können.

Warum das so ist?
Weil die reine bedingungslose Liebe eine so hohe Schwingung hat, dass kaum jemand folgen kann. Und dieses Anheben geht so lange weiter bis zumindest einer der beiden seine Lektion gelernt hat. Und genau an diesem Punkt kehrt das „normale Leben" bei zumindest einem der beiden wieder ein. Das Ego übernimmt langsam wieder seine Aufgaben, mahnt zur Ruhe, zur Besonnenheit, Vernunft – und beginnt wieder, Ängste zu schüren.

In diesem Moment fällt die Schwingung oft ins Unermessliche.
Diese Veränderung kann man nicht in Worte fassen.
Erfahrene kennen den Schmerz, der dabei ausgelöst wird: „Es ist so, als ziehe dir jemand den Boden unter den Füßen weg und du würdest direkt

in ein tiefes Loch fallen. Es ist fast wie sterben."
Genauso ist es.
Warum?
Ja, weil es halt so ist.
Stimmt – du wolltest es so!
Wird es jemals anders sein?
Natürlich wird es das. Allerspätestens wenn wir alle wieder Eins sind. Vorher vereinigen sich die Zwillinge, die Seelenteilungen und Gruppen, Familien und so weiter. Alles fließt wieder zusammen.
Heute sage ich mit aller Bestimmtheit:
„Wer das erlebt hat, hat etwas sehr wichtiges erlebt. Aber es ist eben nur ein Schritt in deiner Entwicklung. Weckt der Zwilling dein Herz, öffnet er dich für die Liebe, dann bist du offen für deine Liebe zu dir selbst, deine Liebe zu deinen Mitmenschen. Deine Liebe zu einem geliebten Menschen macht dich offen für die Liebe, die auf dich zukommt. Und oft kommt eine andere, eine weitere liebe Seele in dein Leben."

Dazu eine Erfahrung aus meiner „persönlichen Schmerzphase":
Eine besondere Kollegin, ihres Zeichens hervorragende Kinesiologin und systemische Therapeutin, teilte mir in einer Sitzung Folgendes mit: „Diese Seele ist wie ein Schmetterling. Ihr beide habt eine Metamorphose erlebt. Dieser Zyklus eures Lebens ist beendet. Nun flattert jeder der beiden wunderschönen Schmetterlinge anderen Schmetterlingen entgegen. Erlebe du wie schön das sein kann!"
In diesem Moment konnte ich noch nicht darüber lachen, doch heute bin ich glücklich über all diese Erfahrungen und vor allem meiner Kollegin und Freundin Alexa sehr dankbar! Und ich kann bestätigen, es gibt viele schöne Schmetterlinge, und einer kam sehr bald auf mich zu!

Also ... höre auf, auf den Zwilling zu warten! Er/sie ist da. Eure Energien fließen! Aber es reicht, dass sie im Hintergrund fließen.
Dazu rate ich dir: Lass nur das zu dir fließen, was du willst - und was dir gut tut. Denn in dem Moment, wo die Schwingung auf eine unterschiedliche Frequenz gerutscht ist, landet auch jeder wieder in seiner Welt. Und diese kann geprägt sein von Verlust, Trauer, Schmerz, Sehnsucht...

Diese Energien in der tieferen Schwingung fließen natürlich genauso, wie die vorher erlebten hohen Schwingungen. Es ist wie beim Gesetz von Osmose und Diffusion. Die Energien fließen dabei von der höheren zur niedrigeren Konzentration (hier Schwingung) und umgekehrt. Anfangs fließen die Energien so intensiv, dass man ständig das Gefühl des Leer-Seins spürt. Angst, Schmerz, Trauer, Depression und so weiter scheinen nicht zu enden. Es ist sehr wichtig, Folgendes zu beherzigen: Unterlass es, den anderen mit deinen Energien (Gedanken, Wünschen, Heilenergien, etc.) zu überfluten und lass das Überfluten durch „den anderen" nicht zu. Sag ganz klar: „Ich will das nicht!"
Ich wusste anfangs immer ganz genau, wenn es meinem Zwilling nicht gut ging. So ist das bei allen, die diese Erfahrung machen.
Das ist das Leben, und jede Erfahrung ist wichtig. Fast alle Zwillingsseelen-Erfahrenen kommen an den Punkt der Trennung. Und nun ist sie da, die wunderbare Lektion des Loslassens. Entschuldige bitte diese Ausdrucksform. Sie kommt vielleicht wie Sarkasmus bei dir an. Doch es ist Leichtigkeit in Bezug auf dieses Geschehen.
Ich hatte sehr liebe Freunde und Unterstützer in dieser Phase. Und bei ihnen bekam ich auch solches zu hören. Sie hatten recht – und ich wusste das!

Wenn es mir gelingt – und ich muss es nur wollen – das alles als „das Ganze" zu betrachten, kann ich „das Einzelne" so stehen lassen.
Da ich als Insider/Therapeut ja vieles wusste und gelernt hatte, konnte ich mir manchmal selbst helfen. Manchmal halfen mir Kollegen und Freunde und wie oben beschrieben auch die sogenannte geistige Welt. Bei diesem Betrachten des Ganzen ist es wichtig, dies nicht nur zu betrachten sondern auch zu verstehen, zu fühlen, zu verinnerlichen. Und steigere dich nicht hinein in diese Materie, es bringt den Zwilling nicht zurück.
Verstehe, dass es darum nicht geht.
Wenn es für euch bestimmt ist, kommt er sowieso, das hängt aber nicht von deinen Aktivitäten ihm gegenüber ab, sondern von deinen Aktivitäten dir gegenüber.
Und es hängt davon ab, ob du verstehst :

- dass wir alle Eins sind.
- dass es nie Trennung gab.
- dass das alles eine große Illusion ist.
- dass diese Illusion aus der Dualität besteht.
- dass Duales zum EinsSein strebt (betrachte: Zwillingsseele).
- dass es um die bedingungslose Liebe geht, du diese aber nur erfährst, wenn du dich endlich selbst lieben lernst.
- dass du dazu das Kind in dir heilen und lieben lernen musst.
- dass du als Mann und Frau da bist, und diese Anteile in dir nach Heilung streben.
- dass du aus dem bestehst, woraus hier auf Erden alles ist, Feuer, Wasser, Erde und Luft. Auch das will ausgeglichen und heil sein.
- Der „Schreier" in dir, dein Ego, will gezähmt, angenommen, geliebt und EinsSein.
- Und vieles mehr strebt nach Heilung

Wenn wir uns also von der Betrachtung der punktuellen Erfahrung, die eine Sekunde oder Tage oder Jahre oder Jahrzehnte, ja sogar Leben dauert, lösen, erkennen wir ganz langsam das Ganze.
Das Ganze war immer und wird immer sein. Oder Gott, der ‚Alles in Allem' war immer und wird immer sein. Wir, als ein Teil des ‚Alles-in-Allem', waren also auch immer und werden immer sein – Energie. Und dieses Sein hat eben eine Geschichte. Sie begann als Eins und wird Eins.

Mir kam kürzlich in einem Vortrag folgender Gedanke, über den ich mit den Zuhörern diskutierte:
Mit vollem Bewusstsein startete die Seele ihre Erfahrungssammlung. Viele Leben mit unglaublicher Leichtigkeit, Freude, bedingungsloser Liebe brachten immer mehr wunderschöne Erfahrungen. Alles war so hochschwingend, dass es nur so vor „wunderbar, wunderbar, wunderbar" triefte. Irgendwann stellte sich das ‚Alles-in-Allem' die Frage: „Wie will ich mich selbst erfahren, wenn alles ist wie ich bin...?"
Und so trennten sich die Energien in jeweils zwei Hälften. Eine positive und eine negative. Und dieses „positiv – negativ" hat an dieser Stelle keinen bewertenden Charakter, auch beim Magneten drücken positiv

und negativ nicht aus, dass ein Pol schlecht und einer gut ist.
Wir kennen die Geschichte, in der das ‚Alles-in-Allem' der kleinen Seele erklärt: „Wenn du Licht entdecken willst, musst du in das Dunkel." Und so gab es plötzlich von allem zwei Seiten, Gegensätze, Pole.
Nichts hatte sich verändert, und dennoch war alles anders. Als man wusste, dass alles Eins ist, stellte man es nicht infrage. Man wusste: „Es ist".
Ausgestattet mit dem Verlangen zu entdecken, entwickelte man plötzlich viele Anteile, die es so im Eins nicht gab. Das inkarnierte Individuum erlebte, dass alles zwei Seiten hat.
Wie in der Erfahrung im Garten Eden erkannte man. Doch was man erkannte war eine Illusion zum Zwecke des Erkennens. Man stellte die Trennung fest: „Huch, ich bin getrennt von Gott, es ist dunkel, es ist kalt, ich bin ungeschützt, ich bin ohnmächtig." Plötzlich gab es von allem zwei Seiten, die positive Schwingung über der Nulllinie und die negative unter der Nulllinie. In einer Bandbreite, die unglaublich war, konnte die ‚Energie', alles lernen und erfahren. Die sogenannte Vertreibung aus dem Paradies war nichts anderes als die illusorische Erkenntnis der Trennung. Und das einzige, was die Energie seither unternimmt, ist, in dieser unglaublichen Explosion der illusorischen Erfahrung (so etwas wie ein Urknall) „sich selbst zu erfahren und zu erkennen".

Was spielst du dabei für eine Rolle?
Na, die des Hauptdarstellers!
Oder bist du der Knecht, der Gedemütigte, der Leidende, der Dorftrottel, der Behinderte, der Reiche, der Berühmte oder hast du die Rolle dessen, der es endlich verstanden hat: der bedingungslos Liebende, der das Leben (Sein) ohne Illusionen annimmt und bewusst keine dualen Energien mehr erlebt.

Ich wünsche dir, dass du bist, wer du bist.
Ich sage nicht „die Macht ist mit dir" sondern:
„Gott, die Energie des ‚Alles-in-Allem' sei mit dir".

Alles Eins.

*Das Schöne ist, wenn du alles Eins siehst, wird dir bewusst,
dass es keine Unterteilungen mehr gibt.
Das heißt, wenn du die Blumen und das Gras betrachtest,
sind sie nicht mehr Blumen und Gras, sondern Teil dieser majestätischen Schönheit des Lebens.
Da braucht man sich nicht mehr zu fragen, ob das ein Stein ist
oder eine... eine ... Pflanze.
Sobald du zu schauen beginnst, merkst du, dass alles Eins ist.
Du schaust die Schönheit dieser Erde und siehst ihre Einheit.
Und das ist eine Schönheit, die es zu begreifen gilt.
Die man erlebt, ohne daran zu hängen.
Du schaust und entdeckst die Schönheit der Steine.
Doch die schließt ...die Pflanzen nicht aus.
Und dann schaust du die Schönheit der Pflanzen und siehst
die Schönheit des Ganzen.
Und siehst die herrliche Schönheit der Erde.*

(Tiziano Terzani)

Irische Sage Angus und Caer

In dieser Geschichte taucht Angus, in anderen Quellen Aengus geschrieben, auf. Aengus gehört zu den Geistwesen und spielte in einigen Sitzungen meiner Klienten und Kollegen eine Rolle. Eine wunderschöne Energie (Menschen, die ihn visualisiert betrachten konnten, sprachen von einem wunderschönen jungen, blondgelockten Mann), warmherzig und hochschwingend.
Diese Geschichte spielt in den Tagen als die Tuatha de Danann noch auf Erden weilten. Der Dagda, der König der Tuatha, hatte einen Sohn namens Angus. Dieser war niemals ein Kind von Traurigkeit gewesen. Die Freunde liebten ihn, und die Frauen lagen ihm zu Füßen. Sein Herz war bei seinen zahlreichen Affären niemals beteiligt gewesen, aber eines Tages wurde auch er von Liebe ergriffen, und zwar auf merkwürdige und geheimnisvolle Art und Weise. Und so trug es sich zu:
Eines Nachts wachte er auf und roch plötzlich den Duft von Apfelblüten. Seide raschelte, und in den Schatten neben seinem Bett nahm er ein flimmerndes Licht wahr, das schließlich die Gestalt einer wunderschönen Frau annahm. Auf einer Laute spielte sie eine betörende Melodie, die Angus geradewegs ins Herz ging. Als der letzte Ton verklang, verschwand die Frau. Er dachte zuerst, er habe das Erlebnis nur geträumt und ging am nächsten Tag wie gewohnt seinen Geschäften nach.
Aber auch in der folgenden Nacht wurde er wieder vom Apfelblütenduft geweckt, wieder erschien diese Frau neben seinem Bett und spielte ein Lied auf ihrer Laute. Angus wollte sie ansprechen, aber bevor er einen Laut hervorbrachte, war die Frau wieder verschwunden.
So ging das nun viele Nächte, und der Prinz war schließlich ganz und gar bezaubert von dieser Lady. Er zog sich von seinen Gefährten immer mehr zurück, wurde blass und schwach und ging schier zugrunde an dieser unerfüllbaren Liebe. Seine Familie und seine Freunde sorgten sich sehr um ihn. Sie fragten ihn, was denn geschehen sei, und so erfuhren sie von der Frau mit der Laute. Niemals hatte jemand vorher etwas Ähnliches vernommen. Sofort wurde am ganzen Hof nach der Lady gesucht, aber dort wusste niemand, wer sie sein könnte.
Der Dagda, sein Vater, ließ schließlich die Lande durchsuchen nach der

schönen Dame, und am Ende fand man heraus, dass sie Caer Ibormeith war, die Tochter eines Königs in Connacht. So zogen der Dagda, sein ganzer Hofstaat und Prinz Angus dorthin, um diesem zur Erfüllung seiner großen Liebe zu verhelfen.

Der Dagda forderte von dem König die Hand des Mädchens für seinen Sohn, aber dieser war nicht bereit, darüber zu verhandeln. Seine Tochter könne nur für sich selber sprechen, sagte er, denn er könne nicht über sie bestimmen. Allerdings sei sie eine Schwanenjungfrau. „Sie lebt nicht bei mir, sondern an einem See, zu dem ich dich bringen werde. du musst sie in ihrer Schwanengestalt erkennen, und dann darfst du Caer Ibormeith selber fragen, ob sie die deine wird! „Allerdings", fügte er hinzu, „allerdings musst du warten bis zum nächsten Vollmond." So richteten sie sich auf eine längere Wartezeit ein. Ungeduldig erwartete der Prinz den Vollmond, umso mehr, als ihm in diesen Nächten keine schöne Lady erschien. Als der Vollmondabend endlich gekommen war, begaben sich der Dagda und Angus mit dem König zum Ufer des Sees, an dem Caer Ibormeith mit ihren Hofdamen lebte. Auf dem See schwammen viele blütenweiße Schwäne, das waren die Prinzessin und ihre Jungfrauen. Und der Prinz erkannte seine Liebe an einem goldenen Kettchen, das sie um den Hals trug. Er watete in den See hinaus, bis er bis zu den Hüften im Wasser stand. Da hatte er sie erreicht. Dann fragte er sie, ob sie seine Frau werden wolle. Caer Ibormeith gefiel der Jüngling wohl, und so sagte sie unter der Bedingung zu, dass sie jederzeit ihre Schwanengestalt annehmen dürfe. „Ich schwöre es!", sagte Angus.

Die Schwanenprinzessin schwamm um Angus herum, und vor den Augen seines Vaters und seiner Leute verwandelte sich dieser ebenfalls in einen Schwan. Gemeinsam umrundeten die beiden den See dreimal, dann hoben sie ab und flogen zusammen zu Angus Schloss. Dort umkreisten sie singend die Zinnen, und ihr wunderbarer Gesang bezauberte alle, die ihn hörten.

Drei Tage lang sollen sie in ihrer Schwanengestalt geblieben sein und ihr Hochzeitslied gesungen haben. Caer blieb ihr ganzes Leben lang bei Angus, abwechselnd lebten beide in menschlicher Gestalt oder flogen in Schwanengestalt wild und frei umher.

(Quelle unbekannt)

Das Leben wäre vielleicht einfacher,
wenn ich dich gar nicht getroffen hätte
Weniger Trauer
jedes Mal
wenn wir uns trennen müssen,
weniger Angst
vor der nächsten und übernächsten Trennung
Und auch nicht so viel
von dieser machtlosen Sehnsucht
wenn du nicht da bist
die nur das Unmögliche will
und das sofort
im nächsten Augenblick
und die dann
weil es nicht sein kann
betroffen ist und schwer atmet

Das Leben wäre vielleicht einfacher
wenn ich dich nicht getroffen hätte.
Es wäre nur nicht mein Leben

(Erich Fried)

Literaturvorschläge

Sandra Ruzischka: Das Geheimnis der Dualseelen, Seelengefährten und Seelengeschwister

Eben Alexander: Blick in die Ewigkeit:
Die faszinierende Nahtoderfahrung eines Neurochirurgen

Brian L. Weiss: Liebe kennt keine Zeit

Paulo Coelho: Aleph

Paul Ferrini: Stille im Herzen

Khalil Gibran: Der Prophet

Mikhail Naimy: Das Buch des Mirdad

Sogyal Rinpoche: Das tibetische Buch vom Leben und Sterben

Tich Nath Hanh: Versöhnung mit dem Inneren Kind

Bücher und CDs von Horst Leuwer:

Die verborgene Wahrheit

Angst und Liebe, Trauer und Freude, Verzweiflung und Hoffnung:
Nun erkenne, wer Du wirklich bist.
Das neue Buch zur Rückführungstherapie

Lucias wunderbare Seelenreise

CD: Du und Dein Inneres Kind
CD: Die Quelle der Heilung und des EinsSeins
CD: Energietrennung und Reinigung

Lucias wunderbare Seelenreise
... und immer wieder grüßt das Leben ...
Horst Leuwer und Sabine Kathriner

„Warum ist mein Leben so?"
Stellst du dir auch manchmal diese Frage? Erlebe, was der Seele von Lucia widerfährt, als Lucia plötzlich stirbt und nach Antworten sucht.

„Warum war mein Leben so?"
Antworten, auch zu deinem aktuellen Leben, kann dir dieses Buch geben. Lucias wunderbare Seelenreise löst also nicht nur Angst vor dem was kommt, nein, Lucia lässt dich wieder Freude am Leben entdecken, Lust neue Erfahrungen zu machen und deine eigene Reise neu zu erleben...
Lucias wunderbare Seelenreise ist eine wahrhaftige Fantasiegeschichte, rührend, berührend, abenteuerlich und auch durchaus amüsant. Ein liebevoll bebilderter Seelenbalsam für alle Menschen.
Hardcover • Format 21 cm x 21 cm • 64 Seiten • durchgängig farbig
ISBN: 978-3-940930-65-1

Eine Woche nach dem Tod - Wie zufällige Bekanntschaften das Leben verändern
Eva Leuwer

Warum bin ich hier? Hat das Leben überhaupt einen Sinn? Warum haben andere es immer leicht, während bei mir einfach nichts zu klappen scheint? Warum stehe ich am Ende immer alleine da? Was wird passieren, wenn ich jetzt aufgebe? Was kommt nach dem Tod?
Philipp ist verzweifelt. Er sieht keinen Sinn mehr in seinem Dasein und ist fest dazu entschlossen, seinem Leben ein Ende zu setzen.
In letzter Sekunde entscheidet er sich anders.
In den folgenden sieben Tagen ändert sich für ihn alles.
TB • 140 Seiten • Kartoniert und gebunden • ISBN 978-3-940930-84-2

Gaja spricht - Band I - Die Welt im Wandel
Stefan Sicurella

Gaja ist das Bewusstsein unserer lieben Mutter Erde. Sie gibt uns eine Einführung in die Entstehungsgeschichte unseres Planeten und über den Sinn und Zweck unseres Daseins. Sie erklärt, wie wir dahin gekommen sind, wo wir jetzt sind und zeigt uns Wege, die uns zurück zu mehr Gemeinschaft, Miteinander, Akzeptanz und Toleranz führen. Die Ausblicke, die wir dabei für die Zukunft dieses Planeten erhalten, sind mehr als erstrebenswert. Gaja liebt uns Menschen. Wenn wir uns auf ihre Liebe einlassen und alles Lebendige lieben lernen, dann ist der Weg frei in das neue Goldene Zeitalter.
Mit klaren, liebevollen Worten, die für jeden leicht verständlich sind, zeigt Gaja uns einen Weg auf, wie wir wieder das werden können, was unsere wahre Bestimmung ist: freie, lebensfrohe und alles liebende göttliche Menschen.
TB • Kartoniert • 112 Seiten • ISBN: 978-3-940930-46-0

100 Fragen an das Universum
Rosemarie Gehring und Stefan Sicurella

„Was würdest du gerne wissen, wenn du einem Engel oder Gott eine Frage stellen könntest?" Diese Frage haben die beiden Autoren ihren Freunden und Kindern, Familien und Bekannten gestellt. Es wurden mehr als hundert Fragen aus allen Bereichen des Lebens und Erlebens zusammengetragen. Persönliche Fragen zu Lebenssituationen wurden genauso liebevoll berücksichtigt und beantwortet, wie allgemeine Fragen zu Gesundheit, Politik, Klima und Weltlage. Die Fragen spiegeln die Themen der Zeit wider, und die liebevollen Antworten haben, bei aller Individualität, eine zeitlose Gültigkeit. Was du schon immer von Gott wissen wolltest, hier findest du liebevolle, lebensnahe Antworten.
A5 • 154 Seiten • 12 farbige Abbildungen • ISBN 978-3-940930-22-4